CHRISTINA GENSCH

Divertikulitis Kochbuch

Natürlich wohlfühlen ohne Verzicht

Alle Ratschläge in diesem Buch wurden vom Autor und vom Verlag sorgfältig erwogen und geprüft. Eine Garantie kann dennoch nicht übernommen werden. Eine Haftung des Autors beziehungsweise des Verlags für jegliche Personen-, Sach- und Vermögensschäden ist daher ausgeschlossen.

Email: info@edition-lunerion.de
www.edition-lunerion.de

Psiana eCom UG

Berumer Str. 44

26844 Jemgum

Vorwort

Auf Ihrem Diagnosezettel steht „Divertikulitis/ Divertikulose" und jetzt sind Sie in kulinarischer Hinsicht erst Mal ratlos? Gibt es ab sofort nur noch geschmacklose Schonkost und die Zeichen stehen auf Verzicht? Wenn Sie sich mit solchen Fragen quälen, dann kommt hier erst einmal eine gute Nachricht: Ihre Erkrankungen steht einem genussvollen Ernährungsalltag keinesfalls im Weg – und wie Sie Schlemmerei und Wohlbefinden ganz einfach unter einen Hut bringen, zeigt Ihnen dieses Kochbuch!

Entzündete Darmdivertikel führen bei Betroffenen nicht nur zu Beschwerden wie Schmerzen und Verdauungsstörungen, sondern bringen auch jede Menge Unsicherheit: Was darf ich essen und was nicht? Was belastet den Darm, was tut ihm gut? Da bietet das sorgfältig erstelle Divertikulitis-Kochbuch einen zuverlässigen Wegweiser durch den Ernährungs-Dschungel und zeigt Ihnen, wie Sie Ihrem Darm mit schmackhaften Leckereien einen Riesengefallen tun. Erfahren Sie zunächst, worauf es in Ihrer Ernährung ab jetzt wirklich ankommt und mit welchen Tipps und Tricks Sie gezielt auf Ihre Darmgesundheit hinwirken können. Perfekt auf Ihre Erkrankung zugeschnittene Rezepte von Pellkartoffelsalat über Kalbsgulasch und Gemüse-Sesam-Pfanne mit Thunfisch bis hin zu Tofu-Wok-Nudeln, Kürbis-Pasta und Rhabarbergrütze präsentieren Ihnen dann eine Riesenauswahl an Fleisch-, Fisch-, Veggie- und auch Süßspeisen, mit der für jeden Geschmack reichlich gesorgt ist.

Guten Appetit!

INHALT

Frühstück 32

Suppen 41

Alles rund um Divertikulitis

Divertikulitis ist eine Krankheit, bei der sich Darmdivertikel entzünden und so zu starken Beschwerden bei Betroffenen führen. Insbesondere bei älteren Menschen finden sich häufig Divertikel im Darm, die aber in über 80 Prozent der Fälle keine Beschwerden hervorrufen. Treten Beschwerden auf, führen diese zur Divertikulitis, bei der sich die Divertikel entzünden und Beschwerden und Komplikationen hervorrufen.

DIVERTIKEL – LAGE IM KÖRPER UND DEFINITION

Als Divertikel werden Ausstülpungen der Darmschleimhaut bezeichnet. Diese dienen eigentlich für durchtretende Darmgefäße, für die Lücken in der Darmwand entstehen. Zu neunzig Prozent treten diese Divertikel in dem vorletzten Dickdarm-Abschnitt, linksseitig gelegen, auf. Deswegen verursachen sie auch im linken Unterbauch Schmerzen, sobald sie sich entzünden. Die Schmerzen können jedoch auch in den gesamten Bauchraum ausstrahlen.

Zudem gibt es auch Dünndarmdivertikel, welche aber im Normalfall keine Beschwerden verursachen. Darmdivertikel entstehen mit zunehmendem Alter. So haben etwa 30 Prozent der Menschen in Europa über 60 und 85 Prozent der Menschen in Europa über 80 Jahre Dickdarmdivertikel. Es wird vermutet, dass die Entstehung der Darmdivertikel mit zunehmendem Alter aufgrund eines schwächer werdenden Bindegewebes und einer weniger elastischen Darmwand zusammenhängt.

DIVERTIKULOSE VS. DIVERTIKULITIS

Entstehen mehrere Divertikel nebeneinander, wird dies als DIVERTIKULOSE bezeichnet. Die Divertikel wachsen sehr langsam und bleiben meistens über Jahre unentdeckt, da die Divertikulose in der Regel keinerlei Beschwerden verursacht. Meistens wird sie nur durch Zufall bei einer Darmspiegelung entdeckt. Führen diese Divertikel, also die entstandenen Ausstülpungen, zu Beschwerden oder Komplikationen, ohne dass bereits eine Entzündung dieser vorliegt, wird dies als Divertikelkrankheit bezeichnet. In seltenen Fällen, bei etwa 20 Prozent der Betroffenen, gelangen Bakterien in den Darmbereich und sorgen für eine Entzündung der Divertikel. Dies wird als DIVERTIKULITIS bezeichnet.

RISIKOFAKTOREN

Mit steigendem Alter erhöht sich das Risiko für eine Divertikulitis, weil das Bindegewebe schwächer wird und sich Muskulatur und Beweglichkeit der Darmwand verschlechtern. Das Rauchen und eine ballaststoffarme und faserarme Ernährung können das Entstehen einer Divertikulitis begünstigen. Weiterhin fördern fehlende Bewegung und zu wenig Trinken einen harten Stuhlgang. Harter Stuhlgang wiederum drückt auf die Darmwand, was zu einer Entstehung von Divertikeln beitragen kann. Die Studienlage hierzu ist jedoch leider sehr dürftig, sodass bis heute die Ursache für die Entstehung der Divertikulitis nicht abschließend geklärt werden konnte.

SYMPTOME UND BESCHWERDEN

In über 80 Prozent der Fälle verursachen die Darmdivertikel keine Beschwerden. Sobald sie sich entzünden, kann es zu verschiedenen Symptomen kommen. Zu diesen zählen Bauchschmerzen, Verdauungsstörungen, wie Verstopfungen, Durchfall oder starke Blähungen, sowie Fieber und ein allgemeines Krankheitsgefühl. Es kann auch zu einer linksseitigen Verhärtung im Bauchraum kommen, die druckempfindlich ist. Treten diese Symptome auf, sollte immer ein Arzt aufgesucht werden, um schwerwiegenden Komplikationen, wie eine Darmverengung oder ein Darmverschluss, Blutungen im Darm, eine Bauchfellentzündung oder eine Abszessbildung, vorzubeugen.

KRANKHEITSVERLAUF

Der Verlauf der Divertikulitis ist abhängig von dem Zeitpunkt der Entdeckung. Je früher die Symptome erkannt werden, desto besser kann die Behandlung erfolgen. In einem frühen Stadium reicht in den meisten Fällen bereits eine Ernährungsumstellung. Sind bereits zu hohe Entzündungswerte erreicht, erfolgt die Behandlung mittels Antibiotika und heilt auch damit innerhalb von wenigen Wochen aus. Schwerer ist der Verlauf immer dann, wenn Komplikationen wie ein Darmdurchbruch oder eine Bauchfellentzündung hinzukommen. Dies sind lebensbedrohliche Komplikationen, die meistens nur mittels einer Operation beseitigt werden können.

Auch diese Operation kann wiederum zu Komplikationen führen, da durch diese Narben entstehen, die zu Wundheilungsstörungen oder Narbenbrüchen führen können. Es lässt sich somit feststellen, dass eine frühzeitige Konsultation des Hausarztes einem schweren Krankheitsverlauf vorbeugen kann.

PRÄVENTION

Inwieweit der Bildung von Divertikeln vorgebeugt werden kann, ist umstritten. Jedoch sorgt viel Trinken und eine ballaststoffreiche Ernährung für einen weichen Stuhlgang, durch den die Darmwand weniger stark belastet wird. Auch viel Bewegung in Form von Spaziergängen oder leichten Gymnastikübungen sorgt für eine gute Verdauung und Durchblutung der Gefäße und trägt damit zu einem geringeren Risiko zur Bildung oder der Entzündung von Divertikeln bei.

UNTERSUCHUNGS- UND DIAGNOSEMÖGLICHKEITEN

Grundsätzlich sollte jede Person, die an Symptomen einer Divertikulitis leidet, zeitnah einen Arzt aufsuchen. Dort folgen nach einem ausführlichen Anamnesegespräch verschiedene Untersuchungen. Zunächst werden durch den Arzt die Darmgeräusche abgehört und der Bauchraum wird abgetastet. Eine Verhärtung im Bereich der linken Bauchseite kann einen weiteren Hinweis auf eine vorhandene Divertikulitis liefern. Besteht danach weiterhin der Verdacht auf Divertikulitis, wird anschließend eine Urin- und Blutuntersuchung vorgenommen, da anhand der dort vorhandenen Entzündungswerte dieser Verdacht bestätigt werden kann. Teilweise kann auch die Durchführung von bildgebenden Verfahren wie ein Ultraschall, eine Computertomographie oder eine Magnetresonanztomographie notwendig sein. Durch ein Röntgenbild können zudem Hinweise darauf erlangt werden, ob es bereits zu einem Darmdurchbruch gekommen ist. Da die Darmwand bei einer Entzündung zu Verletzungen neigt, ist eine Darmspiegelung zur Diagnose ausgeschlossen, da die Gefahr, dass durch diese Untersuchung die Darmwand weiter beschädigt wird, zu groß ist.

BEHANDLUNGSMÖGLICHKEITEN

Grundsätzlich ist eine regelmäßige ärztliche Kontrolle unerlässlich, da nur so kontrolliert werden kann, ob durch die Divertikulitis Komplikationen entstehen. Bei einem leichten Verlauf kann diese ärztliche Kontrolle als Behandlungsmöglichkeit ausreichend sein. Hierfür werden beim Arzt Bluttests zur Bestimmung der Entzündungswerte durchgeführt. In der Regel wird aber die Gabe von Antibiotika verordnet, um einer weiteren Verbreitung der Entzündung vorzubeugen. Durch die Gabe von Antibiotika heilt eine komplizierte Divertikulitis im Normalfall innerhalb von wenigen Wochen ab. Eine Umstellung der Ernährung auf Schonkost kann die Heilung begünstigen. Teilweise wird auch empfohlen, in den ersten Tagen nur Suppe oder Brei zu essen, um den Darm möglichst zu entlasten. Da auch hier die Studienlage ausbaufähig ist, ist es ratsam, selbst auszuprobieren, was einem guttut und was nicht, da jeder Mensch unterschiedlich reagiert. Ist es bereits zu Komplikationen gekommen oder schlägt das Antibiotikum nicht an, ist eine Operation, bei der der betroffene Darmabschnitt entfernt wird, notwendig. Nach der Entfernung werden die entstandenen Darmenden miteinander vernäht.

ERNÄHRUNG BEI DIVERTIKULOSE UND DIVERTIKELKRANKHEIT

Wer zu einer Divertikulose oder zu einer Divertikelkrankheit neigt, sollte eine ballaststoffreiche und fleischarme Ernährung bevorzugen. Hierdurch kann das Risiko einer aus der Divertikulose oder Divertikelkrankheit entstehenden Divertikulitis nahezu halbiert werden. Die Umstellung hierbei sollte jedoch langsam erfolgen, da bei vielen Menschen die abrupte Umstellung auf eine ballaststoffreiche Ernährung zu Blähungen führt, was wiederum den Verdauungstrakt strapaziert. Deswegen sollte die Umstellung schrittweise über mehrere Wochen erfolgen, bei gleichzeitiger Steigerung der Flüssigkeitszufuhr.

Zu den Ballaststoffen zählen alle unverdaulichen Nahrungsfasern aus Getreide, insbesondere auch Obst und Gemüse, Hülsenfrüchte, Nüsse sowie Vollkornprodukte. Weißmehl sollte weitestgehend vermieden werden. Während früher empfohlen wurde, auf kleine Körner und Kerne zu verzichten, ist diese Ansicht durch diverse Studien inzwischen widerlegt. Im Gegenteil hat eine amerikanische Studie bewiesen, dass Menschen, die regelmäßig Nüsse oder Körner zu sich nehmen, seltener unter einer Divertikulitis leiden. Dies könnte daran liegen, dass Nüsse antientzündliche Substanzen wie Vitamin E und ungesättigte Fettsäuren enthalten und die Struktur der Darmwand durch den hohen Mineralstoffgehalt an Zink und Magnesium verbessert wird. Entzündungshemmende Omega-3-Fettsäuren, die in schonend gepresstem Leinöl oder fettem Seefisch wie Hering, Makrele oder Lachs enthalten sind, können ebenso der Entwicklung einer Divertikulitis vorbeugen. Bei allen Mahlzeiten sollte darauf geachtet werden, das Essen gut zu kauen, bis ein richtiger Brei entstanden ist, da unzerkautes Essen schwerer durch den Darm verdaut werden kann.

ERNÄHRUNG BEI EINER DIVERTIKULITIS-ERKRANKUNG SOWIE NACH EINER OPERATION

Ist es bereits zu einer akuten Divertikulitis gekommen, sollte die Ernährung zunächst auf Schonkost umgestellt werden. Dies gilt auch für die Zeit nach einer operativen Behandlung der Divertikulitis. In den ersten Tagen wird empfohlen, gänzlich auf Nahrung zu verzichten und nur Tee und Wasser zu sich zu nehmen. Anschließend sollte die feste Nahrung erst schrittweise wieder eingeführt werden. Dafür ist eine spezielle Schonkost geeignet.

Schonkost oder auch leichte Vollkost gilt im Krankenhaus oder zuhause als Standard, wenn es zu Krankheiten und Beschwerden im Magen-Darm-Trakt kommt. Ziel der Schonkost ist es, durch reizarme Lebensmittel die Verdauungsorgane Magen, Darm, Leber sowie die Gallenwege zu entlasten, Beschwerden zu lindern und so das Wohlbefinden zu verbessern.

Ein beispielhafter Divertikulitis-Diätplan könnte so aussehen:

Einen bis drei Tage wird eine „Teepause“ eingelegt. Hierbei werden ausschließlich stilles Wasser und ungesüßte Tees getrunken. Im Krankenhaus kann die Ernährung gegebenenfalls über Infusionen erfolgen.

Die nächsten sieben bis zehn Tage wird mit einer leichten Aufbaukost begonnen. Hierfür ist eine ballaststoff- und fettarme Kost mit etwas Eiweiß empfohlen. Daran schließt eine leichte Aufbau-Vollkost an, bis die Beschwerden abklingen. Die Ernährung besteht nun aus einem kleinen Anteil an Ballaststoffen. Zudem wird der Fett- und Eiweißanteil langsam erhöht.

Wichtig ist bei der Wiedereinführung von fester Kost, auf die schonende Zubereitung zu achten. Der Patient sollte langsam essen, gut kauen und die Mahlzeiten auf mehrere kleine Portionen über den Tag aufteilen.

WELCHE LEBENSMITTEL DER VERDAUUNG HELFEN UND WELCHE EHER SCHADEN

Zu Beginn sehen Sie nachfolgend eine kurze Übersicht, welche Art von Nahrungsmitteln häufig Verdauungsprobleme verursachen.

Charakteristika	Nahrungsmittel
Wirken blähend und sind schwer verdaulich	Frisches Brot, Hülsenfrüchte, hartgekochte Eier, Wirsing, Kohl, Zwiebel, Paprika (roh)
Werden nur langsam verdaut, da sie sehr fettreich sind; dafür wird viel Gallenflüssigkeit benötigt	Fette Backwaren wie Torten, fette Wurst und fettes Fleisch, Butter, Eiscreme, fettige Soßen und Mayonnaise, frittiertes Essen wie gebackener Fisch oder Pommes frites
Der Verdauungstrakt wird gereizt, vor allem, wenn man bereits Probleme in diesem Bereich hat.	Sehr kalte und heiße Speisen, geräucherte Lebensmittel, scharfe Gewürze, Zitrusfrüchte, fertige Backwaren, Süßigkeiten, Getränke mit Kohlensäure, Alkohol wie Sekt, Wein, Brände, einige Sorten Obstsäfte wie Grap fruit und Orange, Kaffee

Gemüse

Hier haben Sie eine große Auswahl für Ihren Ernährungsplan, z. B. Spinat, junger Spargel, Kopfsalat, Karotten, Kürbis, Champignons, grüne Fisolen, Sellerie, zarte Erbsen, Lauch, Petersilie und rote Rüben. Kochen Sie es am besten in leicht gesalzenem Wasser oder schwenken Sie es kurz in etwas Butter oder Öl. Den Salat können Sie beispielsweise mit etwas Zitronensaft, verdünntem Essig oder Zucker zubereiten. Zudem sollten Sie nur junges Gemüse verwenden, aber auch Gemüse aus der Tiefkühlung können Sie problemlos nutzen. **Vermeiden Sie**, wie bereits erwähnt, **Blähungen auslösende Sorten** wie Hülsenfrüchte, aber auch Kohl, Kraut, Wirsing, Zwiebeln, Paprika, Sauerkraut, Rettich, Radieschen, Gurken, Auberginen und Essiggurken. Außerdem sollten Sie auf Dosengemüse sowie Tomaten- und Gurkensalat verzichten.

Obst

Auch hier haben Sie viele Auswahlmöglichkeiten: geschälte Birnen und Äpfel, Pfirsiche, Grapefruit, Kirschen, Heidelbeeren, Erdbeeren und Himbeeren sowie Dörrobst, Rosinen, Feigen, Datteln oder auch Fruchtsalate können Sie zu sich nehmen. Von Zeit zu Zeit können Sie auch Bananen, Mandarinen oder Melone essen. **Vermeiden sollten Sie** dagegen unreife Früchte, Johannisbeeren und **Weintrauben** sowie **Nüsse** aller Art und die ersten Wochen nach Ihrer Gallenblasenoperation auch fertigen **Kompott**.

Fleisch

Nehmen Sie nur zartes, gedünstetes, gegrilltes oder gekochtes Fleisch in Ihren Speiseplan auf, das möglichst von Rind und Kalb sowie von verschiedenen Geflügelarten wie Truthahn, Huhn oder Taube sein sollte. Bei letzterer Gruppe sollten Sie jedoch die Haut weglassen. Außerdem können Sie auch Wild, Kaninchen oder auch Kalbszunge oder mageren Schinken essen. **Verzichten Sie** jedoch möglichst **auf** alle Arten **geröstete, gebackene, gebratene, geräucherte** und **panierte Fleischspeisen** sowie auf **fette Geflügel- und Fleischsorten**, wie beispielsweise Ente, Gans, fettes Schweinefleisch, Nierchen, Räucherspeck und fetter Schinken.

Wurst

Die meisten Wurstsorten sind aufgrund ihres meist hohen Fettgehaltes nicht zu empfehlen. Eine kleine Auswahl, wie z. B. magere Geflügel- oder Truthahnbrust, können Sie vereinzelt in Ihren Speiseplan aufnehmen. **Vermeiden Sie** vor allem aber **geräucherte, scharf gewürzte** und **fette Wurst** wie Brat- und Mettwurst.

Getreideprodukte, Brot, Kohlenhydrate

Empfehlenswert sind Zwieback, Toast- und Knäckebrot sowie altbackenes Weißbrot und ebenso fettarmer Kuchen. Außerdem können Sie Nudeln, Haferflocken, Grieß, fettarme Knödel sowie Pellkartoffeln und Kartoffelmus verzehren. **Verzichten** sollten **Sie** jedoch u. a. **auf frisches Brot** und frische Brötchen sowie **Vollkornbrote** und **fettiges Gebäck**.

Mehlspeisen

In diesem Bereich gilt es, ebenfalls darauf zu achten, dass die Mehlspeisen auf Ihrem Speiseplan fettarm und leicht sind, wie z. B. trockene Kekse, Strudel, Biskuit, süße Aufläufe, gerührte oder Brandteige oder Kartoffelteig. **Verzichten Sie** dagegen **auf Mehlspeisen mit Schlagsahne oder mit Buttercreme-, Mohn- oder Nussfüllung** sowie mit **Schokolade**, außerdem auf **Blätterteig, frische Hefe- und fette Kartoffelteige** und ebenso auf **in Fett gebackene Mehlspeisen** wie Pfannkuchen.

Fisch

Hier können Sie regelmäßig eine Mahlzeit aus den mageren Fischsorten zu sich nehmen, wie beispielsweise Rotbarsch, Zander, Forelle, Kabeljau, Hecht und Schleie. Bei Fischaufläufen sollten Sie wie bei allen Speisen darauf achten, dass sie fettarm zubereitet werden. **Vermeiden** sollten **Sie** dagegen die **fettreichen Fischsorten** wie Aal, Karpfen, Lachs, Thunfisch, Makrele, Sardinen oder Sardellen sowie Fischsalate und saure, scharfe oder fette Fischmarinaden, aber auch **gebratenen und geräucherten Fisch**.

Eier

Direkt nach der Operation sollten Sie den Verzehr von Eiern zunächst komplett vermeiden. Etwas später können Sie jedoch weich gekochte Eier, lockeres Rührei, Eierstich und verlorene Eier probieren. **Nicht essen sollten Sie** aber **hart gekochte Eier, Spiegelei, Ei** mit Mayonnaise sowie **Mayonnaise** an sich, **Eierspeise, Eiersalate** sowie **Ham & Eggs**.

Produkte aus Milch

Hier sind sowohl saure als auch süße Milch sowie Joghurt, Quark und Buttermilch erlaubt, die jedoch alle möglichst fettarm (max. 1,5 % Fett) sein sollten. Außerdem sind auch alle Streichkäsesorten mit wenig Fett, d. h. bis maximal 35 bis 40 % Fett in der Trockenmasse, erlaubt. **Verzichten Sie** jedoch **auf Kondensmilch, Schlagsahne** sowie auf **fettreichen Käse** wie Gorgonzola und Camembert.

Beilagen

Auch bei den Beilagen zu einer Mahlzeit achten Sie bitte auf deren Zubereitung und Fettgehalt. Essen können Sie z. B. Reis, Teigwaren, Kartoffeln, Nockerl, Grieß-, Kartoffel- oder Semmelknödel. Es darf jedoch **nichts in Fett gebacken** oder gebraten werden, weshalb beispielsweise der Verzehr von Kroketten, Bratkartoffeln und Pommes frites vermieden werden sollte. Auch bei Kartoffelsalat müssen Sie vorsichtig sein und auf dessen Herstellung achten.

Suppen

Wählen Sie aus dieser Gruppe für Ihren Speiseplan etwa Reis- oder Grießsuppe, aber auch Haferflocken-, Gemüse- oder Kartoffelsuppe ist möglich. Dagegen sollten Sie **keine fette Geflügel-, Kalbs- oder Rinderbrühe** verzehren, ebenso wenig Selchsuppen oder **aus Suppenwürfel hergestellte Brühen**.

Fette

Hier sind vor allem Sonnenblumen-, Weizenkeim- sowie Maisöle empfehlenswert, da sie sehr viele ungesättigte Fettsäuren enthalten – außerdem auch Margarine, leichte Butter und andere Pflanzenöle in kleinen Mengen. Beachten Sie vor allem hier immer, wie gut und wie viel Fett Sie persönlich bisher vertragen haben. **Vermeiden** sollten **Sie** jedoch unbedingt **Gänse- und Bratenfett sowie Speck.**

Gewürze

Ohne Bedenken können Sie hier Küchenkräuter, wie beispielsweise Thymian, Kümmel, Petersilie, Majoran, Schnittlauch, Basilikum oder Kresse, verzehren. Auf Würzungen mit größeren Mengen **Knoblauch** oder **Zwiebel** sowie auf **Senf, Curry, Paprika, Pfeffer** und **Kapern**, aber auch auf **scharfe Soßen** wie Paprika- und Worcestersoße sowie Tomatenketchup und alle sonstigen **scharfen Gewür**ze sollten Sie **unbedingt verzichten**.

Süßigkeiten

Bei Süßwaren haben Sie leider nur noch eine kleine Auswahl. So können Sie kandiertes Obst, Fruchtzucker, Marmelade oder Honig essen. Aber auch der Verzehr von Pudding und Bonbons sowie das Verfeinern anderer Speisen mit Süßstoff oder Haushaltszucker sind möglich. Viele Betroffene vertragen jedoch alle Arten von Süßem nur noch schlecht. **Vermeiden Sie** aber auf alle Fälle **fettige Desserts** und **Schokolade** sowie **Marzipan, Nougat** und **Eis**.

Getränke

Empfohlen zum Verzehr werden vor allem helle Tees und Kräutertees, Magermilch und Milchkaffee sowie Gemüsesäfte oder auch stilles Mineralwasser. **Vermeiden** sollten **Sie** jedoch **starke Tees, Alkohol** sowie Getränke mit **viel Kohlensäure** und **eiskalte Flüssigkeiten**.

Wie Sie sehen können, werden Sie sich bei einer Ernährungsumstellung einschränken müssen. Sie können jedoch immer noch aus einer großen Anzahl an Lebensmitteln wählen und sich so einen abwechslungsreichen, ausgewogenen und zudem gesünderen Ernährungsplan zusammenstellen.

ZUBEREITUNG DER SPEISEN

Neben der Auswahl der richtigen Lebensmittel sollten Sie jedoch auch darauf achten, wie Sie Ihre Speisen zubereiten. So sollten Sie möglichst vermeiden, Ihre Mahlzeiten im heißen Fett zu frittieren bzw. auszubacken, sie scharf anzubraten oder sie über einer offenen Flamme zu grillen, denn bei diesen Methoden wird entweder zu viel Fett verwendet oder beim Herstellungsprozess entstehen verdauungsreizende Stoffe.

Bereiten Sie stattdessen Ihre Speisen zu, indem Sie die Nahrungsmittel z. B. auf dem Herd **kochen**, in der Mikrowelle garen, dünsten, im Wasserbad zubereiten oder **dampfgaren**. All das sind schonende Zubereitungsmethoden, die dazu beitragen, dass Ihr Verdauungstrakt wenig belastet wird.

A) TEEPAUSE

In dieser Phase sollten Sie hauptsächlich handwarmen Tee zu sich nehmen, der zudem schluckweise getrunken wird. Des Weiteren können Sie beispielsweise auf folgende Lebensmittel zurückgreifen:

- Knäckebrot
- Reiswaffeln
- getoastetes Weißbrot
- Zwieback
- Haferflocken-, Schleim- oder milde Grießsuppe
- Apfel- oder Birnenmus

B) ÜBERGANG VON DER TEEPAUSE ZUR AUFBAUKOST

Während dieser Übergangsphase essen Sie die bereits in der Teepause verzehrten Nahrungsmittel, die Sie gut vertragen haben. Schrittweise ersetzen Sie dann immer weiter Ihre Mahlzeiten durch Speisen, die Sie anhand der in diesem Buch vorgeschlagenen Rezepte hergestellt haben. Beginnen Sie dabei mit milderen und kleineren Gerichten. Je nachdem, wie Sie diese vertragen, können Sie dann Ihre Auswahl erweitern. Probieren Sie es z. B. mit:

- Kartoffelpüree
- gedünstetem Reis
- Joghurt
- Pudding
- Milchreis oder -grieß

C) AUFBAUKOST

Versuchen Sie in dieser Phase, mindestens fünf milde und kleinere Mahlzeiten über den Tag verteilt zu sich zu nehmen, damit Sie vermeiden, dass Ihr Magen einmal komplett voll ist. Zu Beginn eignen sich hierfür vor allem Zwieback, Schleimsuppe, Apfelmus und Tee.

Kommen Sie damit gut zurecht und klingen Ihre Beschwerden immer mehr ab, können Sie dann Ihren Speiseplan zunehmend erweitern, beispielsweise mit Grieß- oder Gemüsecremesuppe, Toastbrot, magerem Quark, gedünstetem Gemüse, milden, gekochten Salaten oder gedünstetem Fisch sowie Apfel- oder Birnenkompott. Verwenden Sie zum Würzen jedoch nur Küchenkräuter und möglichst ganz wenig Salz.

Beispiel für einen Tageskostplan zu Beginn der Aufbaukostphase

Frühes Frühstück:	Tee oder Milch
Späteres Frühstück:	Zwieback, Banane
Mittagessen:	Gemüsecremesuppe, Kartoffelpüree, Naturschnitzel
Vesper:	Kekse, Toastbrot
Abendessen:	Tee, Baguette, Apfelkompott
Mahlzeit vor dem Schlafengehen:	Zwieback

D) DAUERKOST/NORMALKOST

Beginnen Sie auch in dieser Phase zunächst mit dem Verzehr von Speisen, die Sie bereits ausprobiert und gut vertragen haben, und erweitern Sie nach und nach Ihren Speiseplan. Achten Sie dabei weiterhin auf die in diesem Buch erläuterten Informationen bezüglich der empfehlenswerten Lebensmittel sowie auch zum Essverhalten, also z. B. darauf, dass die Mahlzeiten nicht zu groß sind, dass Sie zunehmend vollwertigere Kost zu sich nehmen und dass Sie auf die Speisen verzichten, von denen Sie bereits wissen, dass diese bei Ihnen Verdauungsprobleme verursachen.

Beispiel für einen Tageskostplan zu Beginn der Dauerkostphase

Frühes Frühstück:	Tee, Brötchen, fettarme Butter, magerer Schinken
Späteres Frühstück:	mürber, süßer Apfel, Tee
Mittagessen:	gefüllte Zucchini, Kartoffelpüree, Birnenkompott
Vesper:	Biskuit, Milchkaffee oder Tee
Abendessen:	Brot mit Schmelzkäse, Hühnersuppe
Mahlzeit vor dem Schlafengehen:	Zwieback, Milch

TAG 1

Frühstück, Mittag, Abendessen

Ungesüßter Tee

a. Magen-Darm:

1. Nehmen Sie zwei bis drei Teelöffel Fenchelsamen und übergießen Sie sie mit einem Liter kochendem Wasser. Der Tee sollte etwa zehn Minuten abgedeckt ziehen.
2. Abwandlung mit Kümmel: Mischen Sie zwei Teelöffel Fenchel und einen halben Teelöffel Kümmel miteinander, füllen Sie alles in eine Teekanne und übergießen Sie es mit einem Liter kochendem Wasser. Schließen Sie den Deckel der Kanne. Der Tee sollte etwa zehn Minuten ziehen.
3. Mischen Sie zu gleichen Teilen loses Johanniskraut-, Schafgarben-, Melissenblätter- und Pfefferminztee, sodass Ihnen insgesamt vier Teelöffel der Mischung zur Verfügung stehen. Geben Sie diese in eine Teekanne und übergießen Sie sie mit einem Liter kochendem Wasser. Decken Sie die Kanne ab. Der Tee sollte ca. zehn Minuten ziehen.
4. Mischen Sie zu gleichen Teilen losen Kamillen-, Schafgarben- und Pfefferminztee, sodass Ihnen insgesamt vier Teelöffel der Mischung zur Verfügung stehen. Geben Sie diese in eine Teekanne und übergießen Sie sie mit einem Liter kochendem Wasser. Decken Sie die Kanne ab. Der Tee sollte ca. zehn Minuten ziehen.

b. Süßere Tees

1. Geben Sie einen Esslöffel Kamillenblüten in eine Tasse (0,25 Liter). Dort übergießen Sie diese mit kochendem Wasser. Der Tee sollte abgedeckt ca. zehn Minuten ziehen.
2. Geben Sie drei bis vier Teelöffel Ringelblumenblüten in eine Teekanne und übergießen Sie sie mit einem Liter kochendem Wasser. Decken Sie die Kanne ab. Der Tee sollte ca. zehn Minuten ziehen.

Hinweis: Nutzen Sie lieber lose Zutaten für die Teeherstellung, die Sie

entweder in ein Teeei oder in einen Teefilter füllen. Sie können den Tee jedoch auch lose in eine Tasse oder Kanne geben und den Tee nach der Ziehzeit dann durch ein Sieb abgießen. Es ist jedoch auch möglich, Tee direkt in fertigen Beuteln zu verwenden.

TAG 2

Frühstück

Ungesüßter Tee

Mittag

Suppe aus Haferflocken

Nährwerte p. P.: 283 kcal, 43 g Kohlenhydrate, 6 g Fett, 13 g Eiweiß

Portionen: 4

Dauer: 10 Min.

Schwierigkeitsgrad: leicht

Zutaten:

1 Prise Zucker
125 g Haferflocken
1 l Milch (1,5 % Fett)
Salz

Zubereitung:

1. Nehmen Sie einen Topf, gießen Sie die Milch hinein, fügen Sie eine Prise Zucker und Salz hinzu und lassen Sie das Ganze aufkochen.
2. Geben Sie die Haferflocken in den Topf und rühren Sie gut um.
3. Nehmen Sie den Topf vom Herd. Die Mischung muss nun etwa zehn bis 20 Minuten quellen. Dabei gelegentlich umrühren.

Abendessen

Ungesüßter Tee

TAG 3

Frühstück

Ungesüßter Tee oder Brühe

Mittag

Reisschleimsuppe

Nährwerte p. P.: 69 kcal, 14 g Kohlenhydrate, 1 g Fett, 2 g Eiweiß

Portionen: 1

Dauer: 15 Min.

Schwierigkeitsgrad: leicht

Zutaten:

40 g Reis
500 ml Gemüsebrühe oder Wasser
Salz

Zubereitung:

1. Schütten Sie den Reis in einen Topf, übergießen Sie ihn mit dem kalten Wasser oder der Gemüsebrühe und kochen Sie ihn anschließend etwa 90 Minuten bei geringer Hitze. Dabei von Zeit zu Zeit umrühren und die Reiskörner leicht zerdrücken. Außerdem gelegentlich etwas kaltes Wasser nachgießen.
2. Wenn der Reis fertig ist, die Suppe durch ein Passiersieb schütten, erneut in den Topf geben und wieder Wasser hinzugeben, bis die Suppe die für Sie richtige Konsistenz hat. Abschließend nochmals zum Kochen bringen und mit Salz abschmecken.

Abendessen

Ungesüßter Tee oder Brühe

TAG 4

Frühstück

Mischbrot mit wenig Butter und Honig oder mit fettarmem Käse und dazu Tee

Mittag

Gemüsebrühe

Nährwerte p. P.: 178 kcal, 14 g Kohlenhydrate, 9 g Fett, 8 g Eiweiß

Portionen: 4

Dauer: 1 Std. 40 Min.

Schwierigkeitsgrad: leicht

Zutaten:

200 g Staudensellerie
300 g Petersilienwurzel
300 g Möhren
2 EL fettarme Butter
1 Bund Petersilie
1 Zwiebel
1 Tomate
1 Stange Lauch
2 Knoblauchzehen
2 Schalotten
3 braune Champignons
Je 1 Zweig Rosmarin und Thymian
1 Lorbeerblatt
10 weiße Pfefferkörner
Prise Salz
2 l Leitungswasser

Zubereitung:

1. Waschen und putzen Sie den Staudensellerie, die Petersilienwurzel sowie die Möhren und schneiden Sie alles in kleine Würfel.
2. Die Zwiebel, die Schalotten sowie die Knoblauchzehen pellen. Den Knoblauch kleinhacken, die Zwiebel in zwei Hälften schneiden und die Schalotten würfeln.
3. Die Lauchstange waschen, die Wurzeln abschneiden sowie die äußere, härtere Schicht entfernen und dann in schmale Ringe schneiden.

4. Die Champignons putzen und vierteln. Die Tomate waschen, aufschneiden, den Strunk entfernen und würfeln.
5. Die Petersilie mit klarem Wasser abspülen, trocken tupfen und kleinhacken. Die Kräuter ebenfalls abspülen und trocken schütteln. Danach die Blättchen von den Stielen zupfen.
6. Nehmen Sie einen Topf, erhitzen Sie darin die Butter, geben Sie die zwei Zwiebelhälften mit der Schnittseite nach unten hinein und rösten Sie diese etwa zwei Minuten leicht an. Fügen Sie dann das gesamte Gemüse hinzu und rösten Sie alles bei ständigem Rühren nochmals etwa zwei Minuten leicht an.
7. Geben Sie nun zwei Liter Leitungswasser sowie die Kräuter in den Topf, würzen Sie die Suppe mit Salz und Pfeffer und kochen Sie sie abschließend ca. eine Stunde bei geringer Hitze und offenem Topf.
8. Danach die Suppe durch ein Sieb abgießen.

Abendessen

Mischbrot mit Butter und fettarmer Wurst oder mit fettarmem Käse, dazu gekochte Rote Bete

TAG 5

Frühstück

Helles Toastbrot mit wenig Butter und Marmelade ohne Kerne oder mit fettarmem Käse und dazu Tee

Mittag

Griessnockerlsuppe

Nährwerte p. P.: 209 kcal, 19 g Kohlenhydrate, 13 g Fett, 5 g Eiweiß

Portionen: 5

Dauer: 1 Std. 20 Min.

Schwierigkeitsgrad: mittel

Zutaten:

60 g fettarme Butter oder Öl
120 g Hartweizengrieß
1 l Gemüsebrühe
1 Ei
Salz, Muskat
etwas Schnittlauch zum Garnieren

Zubereitung:

1. Nehmen Sie eine große Schüssel und geben Sie die Butter/das Öl, das aufgeschlagene Ei sowie eine Prise Salz hinein und schlagen Sie die Masse schaumig. Danach fügen Sie langsam den Grieß dazu und schmecken die Mischung erneut mit Muskat und Salz ab. Die Masse sollte danach etwa eine Viertelstunde im Kühlschrank ruhen.
2. Währenddessen geben Sie die Gemüsebrühe in einen Topf und erhitzen diese, bis sie kocht.
3. Die Grießmischung aus dem Kühlschrank holen. Nehmen Sie zwei Esslöffel, um die Nockerl zu formen. Die Löffel tauchen Sie zunächst kurz in die heiße Gemüsebrühe. Das verhindert, dass die Grießmasse an den Esslöffeln kleben bleibt. Nun einen Löffel voll Teig aus der Schüssel nehmen, dann auf den zweiten Esslöffel geben und wieder auf den ersten usw. So erhalten die Nockerl ihre typische Form. Mit dem restlichen Teig ebenso verfahren.

4. Die fertigen Nockerl geben Sie in die Gemüsebrühe. Darin müssen sie ca. fünf Minuten bei geringer Hitze köcheln. Danach den Herd auf die niedrigste Stufe drehen und die Nockerl weitere 15 Minuten garen.
5. Wenn die Nockerl gar sind, fügen Sie der Suppe noch den gewaschenen und kleingehackten Schnittlauch hinzu.

Abendessen

Mischbrot mit Butter und fettarmer Wurst oder mit fettarmem Käse, dazu gekochte Rote Bete

TAG 6

Frühstück

Haferschleim (Kochen Sie feine Haferflocken mit Wasser auf und lassen Sie diese 5 bis 10 Minuten ziehen. Geben Sie bei Bedarf etwas Zucker oder Honig dazu.)

Mittag

Nudelsuppe

Nährwerte p. P.: 121 kcal, 19 g Kohlenhydrate, 3 g Fett, 4 g Eiweiß

Portionen: 4

Dauer: 30 Min.

Schwierigkeitsgrad: leicht

Zutaten:

100 g Suppennudeln
800 ml Wasser
1 Bund Suppengrün
1 EL fettarme Butter
½ Bund Petersilie, gehackt
1 Lorbeerblatt
Pfeffer, Salz

Zubereitung:

1. Putzen Sie zunächst das Suppengrün, anschließend abspülen und klein würfeln.
2. Geben Sie die Butter in einen Topf, lassen Sie sie schmelzen, fügen Sie das zerkleinerte Suppengrün hinzu und dünsten Sie alles an. Danach das Wasser und das Lorbeerblatt hineingeben, die Mischung aufkochen und anschließend etwa eine Viertelstunde bei geringer Hitze kochen.
3. Schütten Sie dann die Suppennudeln hinein und kochen Sie die Suppe erneut ca. zehn Minuten.
4. Abschließend das Lorbeerblatt entfernen und die Suppe mit Pfeffer, Petersilie und Salz abschmecken.

Abendessen

Mischbrot mit Butter und fettarmer Wurst oder mit fettarmem Käse, dazu einen fettarmen Joghurt

TAG 7

Frühstück

Mischbrot mit Butter und fettarmer Wurst oder mit fettarmem Käse oder alternativ kernfreie Marmelade

Mittag

Bulgur

Nährwerte p. P.: 340 kcal, 41 g Kohlenhydrate, 15 g Fett, 6 g Eiweiß

Portionen: 4

Dauer: 30 Min.

Schwierigkeitsgrad: leicht

Zutaten:

400 ml Gemüsebrühe
200 g Bulgur, grob
250 g Salatgurke
1 EL Balsamicoessig, weiß
4 EL Öl
2 Möhren
2 Tomaten
1 Stängel Minze
1 Bund Petersilie
Zucker, Salz, Pfeffer, Kreuzkümmel, Muskat

Zubereitung:

1. Geben Sie zunächst den Bulgur in einen Topf und rösten Sie ihn darin ca. eine Minute ohne Fett an. Danach gießen Sie die Gemüsebrühe dazu. Die Mischung aufkochen und anschließend etwa eine Viertelstunde bei geringer Hitze und mit geschlossenem Deckel quellen lassen. Gelegentlich umrühren. Danach den Topf vom Herd nehmen, damit der Inhalt abkühlen kann.
2. Währenddessen die Tomaten und die Gurke waschen und klein würfeln. Die Möhren putzen, schälen und raspeln. Die Minze sowie die Petersilie mit klarem Wasser abspülen, trocken tupfen, die Blättchen von den Stängeln zupfen und zerkleinern.

3. Für das Dressing geben Sie den Essig sowie jeweils eine Prise Pfeffer, Salz, Kreuzkümmel und Zucker in eine Schüssel und verrühren alles. Danach das Öl hinzufügen und erneut gut umrühren.
4. Nun schütten Sie den fertigen Bulgur in eine weitere Schüssel, geben das Gemüse sowie die Minze und die Petersilie hinzu und vermengen alles. Danach gießen Sie das Dressing darüber und rühren gut um. Abschließend nach Geschmack mit Pfeffer, Salz und Muskat würzen.

Abendessen

Weißbrot mit Rührei

TAG 8

Frühstück

Haferschleim mit frischem Obst (Kochen Sie feine Haferflocken mit Wasser auf und lassen Sie diese 5 bis 10 Minuten ziehen. Geben Sie bei Bedarf etwas Zucker oder Honig dazu). Als Obst eignet sich Banane oder Apfel.

Mittag

Wraps mit Hähnchen

Nährwerte p. P.: 380 kcal, 18 g Kohlenhydrate, 17 g Fett, 39 g Eiweiß

Portionen: 4

Dauer: 1 Std.

Schwierigkeitsgrad: leicht

Zutaten:

6 Blätter Kopfsalat
4 Tortillafladen, Vollkorn
2 Tomaten
2 rote Zwiebeln
1 Avocado
½ Salatgurke
500 g Hähnchenbrustfilet
1 EL Olivenöl
1 EL Zitronensaft
Cayennepfeffer, Salz

Zubereitung:

1. Zu Beginn spülen Sie das Hähnchenfilet mit klarem Wasser ab, tupfen es dann z. B. mit etwas Küchenpapier trocken und schneiden es anschließend in kleine Würfel.
2. Nehmen Sie eine Pfanne und erhitzen Sie darin das Olivenöl. Geben Sie die Hähnchenbrustwürfel hinein und braten Sie diese bei mittlerer Hitze für etwa acht bis zehn Minuten. Mit etwas Pfeffer und Salz würzen.
3. Waschen Sie währenddessen die Tomaten, vierteln Sie sie und schneiden Sie sie ebenso wie die abgespülten und abgetrockneten Salatblätter in kleine Stücke. Spülen Sie ebenfalls die Salatgurke gut ab und schälen Sie die Zwiebeln. Danach alles in dünne Scheiben schneiden.

4. Teilen Sie die Avocado in zwei Hälften, entfernen Sie den Kern, nehmen Sie das Fruchtfleisch heraus und geben Sie dieses in eine Schüssel. Hier zerdrücken Sie es und würzen es anschließend mit Pfeffer, Salz und Zitronensaft.
5. Wärmen Sie die Tortillafladen auf, wie es in der Packungsbeilage angegeben ist, bestreichen Sie sie dann mit der Avocadocreme und legen Sie Stücke vom Hähnchenbrustfilet sowie Gurke, Tomate, Salat und Zwiebel darauf. Rollen Sie diese dann zusammen und halbieren Sie sie. Fertig!

Abendessen

Mischbrot mit Butter und fettarmer Wurst oder mit fettarmem Käse, dazu einen fettarmen Joghurt

TAG 9

Frühstück

Champignon-Omelett (Schauen Sie für das genaue Rezept in den Rezepte-Teil unter „Frühstück")

Mittag

Fischfilet gedünstet auf Gemüse

Nährwerte p. P.: 154 kcal, 9 g Kohlenhydrate, 3 g Fett, 20 g Eiweiß

Portionen: 1

Dauer: 25 Min.

Schwierigkeitsgrad: leicht

Zutaten:

70 g Fischfilet, z. B. Pangasius
60 g Möhren
3 EL Gemüsebrühe
1 Schalotte
2 Stiele Petersilie
½ Knolle Fenchel
½ Limette, klein
Salz und Pfeffer

Zubereitung:

1. Schälen Sie zunächst die Schalotte und schneiden Sie sie dann in kleine Würfel. Waschen und putzen Sie den Fenchel sowie die Möhren und schälen Sie letztere. Anschließend beides in dünne, längliche Streifen schneiden.
2. Nehmen Sie eine Pfanne und erhitzen Sie darin die Gemüsebrühe. Geben Sie das vorbereitete Gemüse hinein und dünsten Sie es ca. drei Minuten. Schmecken Sie es auch mit Pfeffer und Salz ab.
3. Das Fischfilet vorsichtig mit kaltem Wasser abspülen, dann mit Küchenpapier leicht trocknen, salzen und in die Pfanne zum Gemüse legen. Alles bei geschlossenem Deckel nochmals etwa zehn Minuten dünsten.
4. Währenddessen die Blätter von der vorher gewaschenen Petersilie abzupfen und fein hacken.
5. Den Fisch und das Gemüse aus der Pfanne nehmen und auf einem Teller anrichten.

6. Den Saft der halbierten Limette je nach Wunsch über das Fischfilet träufeln und nachpfeffern, wenn gewünscht. Abschließend alles mit der gehackten Petersilie bestreuen.

Abendessen

Mischbrot mit Butter und fettarmer Wurst oder mit fettarmem Käse, dazu einen fettarmen Joghurt

TAG 10

Frühstück

Mischbrot mit Butter und fettarmer Wurst oder mit fettarmem Käse oder alternativ kernfreie Marmelade

Mittag

Hähnchenbrust in Heidelbeersauce

Nährwerte p. P.: 338 kcal, 26 g Kohlenhydrate, 8 g Fett, 37 g Eiweiß

Portionen: 4

Dauer: 25 Min.

Schwierigkeitsgrad: leicht

Zutaten:

300 g Heidelbeeren aus der Tiefkühltruhe
600 g Hähnchenbrust (4 Stück)
200 ml Traubensaft
3 TL Öl
4 TL Speisestärke
4 Stängel Staudensellerie
Pfeffer, Salz, Zucker

Zubereitung:

1. Reiben Sie zunächst die Hähnchenbrustfilets mit etwa zwei Teelöffeln Öl ein und würzen Sie sie mit Pfeffer und Salz. Legen Sie diese danach in eine beschichtete Pfanne ohne Fett und braten Sie sie etwa sechs Minuten von beiden Seiten leicht an.
2. Nehmen Sie eine Schüssel und verrühren Sie darin die Speisestärke und 50 ml des Traubensaftes miteinander.
3. Geben Sie nun das übrige Öl in eine zweite Pfanne, erhitzen Sie es, fügen Sie die gefrorenen Heidelbeeren sowie den restlichen Traubensaft hinzu und lassen Sie alles köcheln, bis die Beeren aufgetaut sind. Danach die Stärke-Saft-Mischung dazugeben und aufkochen. Anschließend mit jeweils einer Prise Zucker und Salz abschmecken.
4. Spülen Sie den Staudensellerie mit klarem Wasser ab und schneiden Sie ihn klein. Sie können ihn roh essen, wenn Sie möchten, aber auch kochen.
5. Schneiden Sie die Hähnchenbrustfilets in schmale Scheiben und richten Sie sie gemeinsam mit dem Sellerie und der Heidelbeersauce auf vier Tellern an.

Abendessen

Mischbrot mit Butter und fettarmer Wurst oder mit fettarmem Käse, dazu einen fettarmen Joghurt

Nach Abschluss dieser zehn Tage sind Sie in der Regel beschwerdefrei. In diesem Fall können Sie mit der präventiven Ernährung beginnen, um einer erneuten Divertikulitis vorzubeugen. Passende leckere und gesunde Rezepte hierfür finden Sie im nun folgenden Rezepte-Teil.

Sollten Sie noch nicht beschwerdefrei sein, sprechen Sie bitte mit Ihrem Arzt über die weitere Ernährung.

Frühstück

MÜSLI MIT BUTTERMILCH UND OBST

2 Port.

5 Min.

Leicht

Zutaten

150 g frisches Obst
200 ml Buttermilch
1 TL Honig
60 g Haferflocken
1 EL Zitronensaft

Nährwerte p. P.

207 kcal
36 g Kohlenhydrate
2 g Fett
7 g Eiweiß

1 Waschen und putzen Sie das Obst und schneiden Sie es in kleine Stücke.

2 Verrühren Sie die Buttermilch mit dem Honig und den Haferflocken und schmecken Sie dies mit dem Zitronensaft ab.

3 Geben Sie alles über das Obst, vermischen Sie es und lassen Sie es kurz durchziehen.

HAFERFLOCKEN MIT NATURJOGHURT UND HONIG

1 Port.

10 Min.

Leicht

Zutaten

100 g Naturjoghurt, 1,5 % Fett
100 g Magerquark
40 g Haferflocken
1 EL Honig

Nährwerte p. P.

328 kcal
48 g Kohlenhydrate
4 g Fett
21 g Eiweiß

1 Verrühren Sie den Naturjoghurt mit dem Quark.

2 Geben Sie die Haferflocken hinzu und lassen Sie sie 5 Minuten quellen.

3 Rühren Sie den Honig unter und richten Sie den Joghurt in einer Schüssel an.

Tipp: Geben Sie noch frische Früchte dazu. Schmeckt Ihnen Kokos gut, können Sie auch 10 g Kokosraspel unterheben.

MANDELPUDDING MIT CHIASAMEN

2 Port. 15 Min. Leicht

Zutaten

400 ml ungesüßter Mandeldrink
50 g Chiasamen
0.5 TL gemahlene Vanille
1 EL Mandelblättchen
1 EL ungeschälte Sesamsamen
2 kleine Kiwis
125 g Himbeeren
200 g Naturjoghurt, 1,5 % Fett
1 TL Honig
2 TL Kakaonibs

Nährwerte p. P.

364 kcal
19 g Kohlenhydrate
24 g Fett
17 g Eiweiß

1 Verrühren Sie am Vorabend den Mandeldrink mit den Chiasamen und der Vanille in einer Schüssel und lassen Sie alles etwa 10 Minuten quellen.

2 Nach dem Quellen verrühren Sie die Mischung erneut und lassen sie im Kühlschrank für mindestens acht weitere Stunden quellen.

3 Am nächsten Morgen braten Sie die Sesamsamen und die Mandelblättchen in einer Pfanne ohne Fett bei mittlerer Hitze leicht an.

4 Schälen Sie die Kiwis und schneiden Sie diese in kleine Stücke. Waschen Sie die Himbeeren und tupfen Sie sie trocken.

5 Rühren Sie den Joghurt mit dem Honig glatt.

6 Verteilen Sie ⅔ des Obstes auf dem gekühlten Chiapudding und verteilen Sie den Joghurt und das restliche Obst auf diesem.

7 Bestreuen Sie den Chiapudding mit dem Mandel-Sesam-Mix und den Kakaonibs.

QUARK-BRÖTCHEN MIT DINKEL UND APFEL

8 Port.

30 Min.

Leicht

Zutaten

250 g Magerquark
1 Ei (Größe M)
2 EL Walnussöl
Salz
250 g Vollkorndinkel-mehl
50 g Haferkleie
1 Päckchen Weinstein-backpulver
½ TL Zimt
½ Apfel (ca. 100 g, z. B. Elstar)

Nährwerte p. P.

210 kcal
28 g Kohlenhydrate
5 g Fett
10 g Eiweiß

1 Heizen Sie den Backofen auf 200 °C (Umluft) vor. Verrühren Sie den Quark und das Ei mit dem Öl und einer Prise Salz.

2 Mischen Sie Vollkorndinkelmehl mit Haferkleie, Backpulver und Zimt in einer zweiten Schüssel.

3 Schälen, entkernen und vierteln Sie den Apfel, raspeln Sie ihn grob und heben Sie ihn sofort unter die Mehlmischung.

4 Geben Sie diese Mischung zur Quarkmasse und verarbeiten Sie alles mit Knethaken zu einem glatten Teig.

5 Formen Sie aus dem Teig eine Rolle und schneiden Sie diese in acht Stücke.

6 Verarbeiten Sie jedes Stück zu einer Kugel und setzen Sie diese auf ein Backblech.

7 Schneiden Sie die Kugeln jeweils kreuzweise etwa 1 cm tief ein und backen Sie diese für etwa 20 Minuten bei 200 °C im unteren Drittel des Ofens.

CHAMPIGNON-OMELETT

2 Port.

10 Min.

Leicht

Zutaten

2 Stangen Frühlingszwiebeln
200 g Champignons
1 EL Öl
2 Eier
Salz und Pfeffer
4 Scheiben Mischbrot
3 EL Mineralwasser

Nährwerte p. P.

183 kcal
19 g Kohlenhydrate
6 g Fett
8 g Eiweiß

1 Waschen und putzen Sie das Gemüse und schneiden Sie es in kleine Stücke.

2 Braten Sie die Frühlingszwiebeln und die Champignons in dem Öl an.

3 Verquirlen Sie Eier mit Mineralwasser und schmecken Sie mit Salz und Pfeffer ab.

4 Geben Sie die verquirlten Eier zu dem Gemüse in der Pfanne und braten Sie es an.

5 Wenden Sie das Omelett und braten Sie es kurz weiter an.

6 Teilen Sie das Omelett in vier Stücke und geben Sie je ein Stück auf eine (bei Bedarf getoastete) Scheibe Mischbrot.

Tipp: Das in diesem Rezept verwendete Gemüse können Sie nach Belieben variieren und zusätzlich auch mageren Schinken oder Nordseekrabben hinzugeben.

FRÜHSTÜCKSBOWL MIT QUINOA

2 Port.

30 Min.

Leicht

Zutaten

170 g Quinoa
500 ml Mandelmilch
1 EL Ahornsirup
2 EL geschrotete Leinsamen
1 TL Zimt
1 Banane
100 g Heidelbeeren
50 g Walnüsse

Nährwerte p. P.

677 kcal
83 g Kohlenhydrate
30 g Fett
19 g Eiweiß

1 Spülen Sie die Quinoa unter warmem Wasser in einem Sieb ab und lassen Sie die Quinoa abtropfen.

2 Verrühren Sie Mandelmilch, Quinoa, Zimt, Ahornsirup und Leinsamen in einem Topf und lassen Sie alles für etwa 20 Minuten aufkochen, bis die Quinoa gar ist.

3 Schneiden Sie die Banane in Scheiben und hacken Sie die Walnüsse. Waschen Sie die Heidelbeeren.

4 Vermengen Sie den fertigen Quinoa-Brei mit den Bananenscheiben, den Walnüssen sowie den Heidelbeeren.

BROT MIT AVOCADO UND ERDBEEREN

2 Port.

15 Min.

Leicht

Zutaten

1 Avocado
100 g Feta
80 g Mischbrot (2 Scheiben)
100 g Erdbeeren
Salz und Pfeffer
1 EL Balsamicoessig
1 Spritzer Limettensaft
Chiliflocken nach Geschmack

Nährwerte p. P.

366 kcal
22 g Kohlenhydrate
25 g Fett
12 g Eiweiß

1 Lösen Sie die Avocado aus der Schale, entfernen Sie den Kern und zerdrücken Sie das Fruchtfleisch mit einer Gabel.

2 Mischen Sie die Avocado mit Salz, Pfeffer und Limettensaft. Schneiden Sie den Feta in kleine Stücke und vermengen Sie diesen mit der Avocado-Mischung.

3 Bestreichen Sie die Brotscheiben je zur Hälfte mit der Avocadocreme und backen Sie diese etwa 10 Minuten im Ofen bei 200 °C Ober-/Unterhitze (Umluft 180 °C).

4 Waschen Sie die Erdbeeren und schneiden Sie diese in kleine Scheiben. Vermengen Sie Erdbeeren mit Salz, Chiliflocken und Balsamicoessig. Verteilen Sie die Erdbeeren auf den fertig gebackenen Broten.

QUINOA-MÜSLI

4 Port. 35 Min. Leicht

Zutaten

200 g Quinoa
1 EL Butter
1 Zimtstange
2 EL Honig
150 g Mandelkerne
½ Zitrone
1 Apfel
400 ml Wasser
Zimt, gemahlen (1 Prise)

Nährwerte p. P.

492 kcal
46 g Kohlenhydrate
26 g Fett
14 g Eiweiß

1 Brausen Sie die Quinoa unter fließendem, kaltem Wasser in einem Sieb ab. Bringen Sie das Wasser in einem Topf zum Kochen.

2 Geben Sie Butter, Zimtstange, Honig sowie Quinoa hinzu und lassen Sie diese Mischung bei schwacher Hitze für etwa 20 Minuten aufquellen. Entfernen Sie anschließend die Zimtstange.

3 Hacken Sie in der Zwischenzeit die Hälfte der Mandeln grob. Mischen Sie die Quinoa mit den gehackten Mandeln und den restlichen ganzen Mandeln. Beträufeln Sie diese mit einem Spritzer des Safts der halben Zitrone.

4 Waschen Sie den Apfel, entfernen Sie das Kerngehäuse und schneiden Sie ihn in kleine Stücke. Beträufeln Sie die Apfelstücke mit dem restlichen Zitronensaft.

5 Richten Sie die Quinoa in Schüsseln an und garnieren Sie diese mit den Apfelstücken und etwas gemahlenem Zimt.

Suppen

MÖHRENSUPPE

2 Port.

1 Std. 15 Min.

Leicht

Zutaten

500 g Möhren
1 Liter Wasser
1 Prise Salz
optional: Kurkuma

Nährwerte p. P.

100 kcal
17 g Kohlenhydrate
0 g Fett
2 g Eiweiß

1 Waschen und putzen Sie die Möhren und schneiden Sie diese in kleine Stücke. Geben Sie die Möhren in einen Topf, fügen Sie das Wasser hinzu und bringen Sie den Inhalt zum Köcheln.

2 Sind die Möhren weich, pürieren Sie diese. Würzen Sie die Suppe mit einer Prise Salz und kochen Sie sie für mindestens eine Stunde.

Tipp: Geben Sie noch etwas Kurkuma hinzu. Kurkuma wirkt entzündungshemmend und kann damit Ihre Beschwerden lindern. Auf alle anderen Gewürze sollten Sie verzichten, um den Darm nicht weiter zu belasten.

HAFERSCHLEIM-SUPPE

 2 Port.

 10 Min.

 Leicht

Zutaten

50 g Haferflocken
1 Liter Wasser
etwas Salz

Nährwerte p. P.

44 kcal
1 g Kohlenhydrate
0 g Fett
1 g Eiweiß

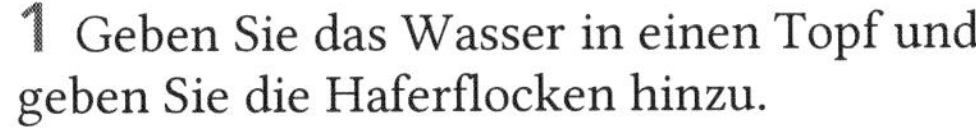

1 Geben Sie das Wasser in einen Topf und geben Sie die Haferflocken hinzu.

2 Bringen Sie das Wasser mit den Haferflocken zum Kochen und garen Sie die Haferflocken etwa 10 Minuten.

3 Rührcn Sic dic Suppe durch ein Sieb und schmecken Sie mit Salz ab.

KARTOFFELSUPPE

4 Port. 30 Min. Leicht

Zutaten

600 g Kartoffeln (mehlig kochend)
650 ml Gemüsebrühe
100 g Kräuter-Frischkäse
½ TL Majoran (gerebelt)
Salz, Pfeffer

Nährwerte p. P.

176 kcal
17 g Kohlenhydrate
5 g Fett
5 g Eiweiß

1 Schälen und waschen Sie die Kartoffeln und schneiden Sie diese in kleine Stücke.

2 Geben Sie die Kartoffeln in einen Topf, fügen Sie die Gemüsebrühe hinzu und bringen Sie den Inhalt zum Köcheln.

3 Nach etwa 20 Minuten Kochzeit zerkleinern Sie die Kartoffeln zunächst mit dem Kartoffelstampfer und pürieren die Masse anschließend.

4 Rühren Sie den Frischkäse unter und schmecken Sie die Suppe mit Salz, Pfeffer und Majoran ab.

ZUCCHINI-REIS-SUPPE

4 Port.

30 Min.

Leicht

Zutaten

1 Zitrone, unbehandelt
1 l Hühnerbrühe
1 Lorbeerblatt
80 g Reis
200 g Zucchini
2 Eier
3 TL Dill, gehackt
Salz, Pfeffer

Nährwerte p. P.

154 kcal
20 g Kohlenhydrate
3 g Fett
8 g Eiweiß

1 Reiben Sie die Schale der Zitrone ab und pressen Sie diese anschließend aus. Kochen Sie die Hühnerbrühe mit der Zitronenschale und dem Lorbeerblatt auf.

2 Geben Sie den Reis dazu und kochen Sie diesen in der Brühe für etwa 15 Minuten.

3 Waschen Sie die Zucchini ab und geben Sie diese im Stück in die kochende Brühe. Kochen Sie die Zucchini für ca. 5 Minuten. Heben Sie sie anschließend aus der Brühe und schneiden Sie sie in kleine Stücke.

4 Verrühren Sie die Eier mit dem Zitronensaft und dem Dill, bis diese schaumig sind. Rühren Sie nach und nach den Eierschaum vorsichtig in die Suppe und schmecken Sie mit Salz und Pfeffer ab.

5 Geben Sie die Zucchinistücke in einen tiefen Teller und gießen Sie die Reis-Suppe darüber.

KARTOFFEL-MÖHREN-SUPPE

2 Port.

20 Min.

Leicht

Zutaten

500 g Möhren
500 g Kartoffeln
1 weiße Zwiebel
1 EL Rapsöl
800 ml hefefreie Gemüsebrühe
Pfeffer
Etwas gehackte Petersilie

Nährwerte p. P.

273 kcal
47 g Kohlenhydrate
6 g Fett
7 g Eiweiß

1 Schälen Sie das Gemüse und schneiden Sie es in kleine Würfel. Erhitzen Sie das Öl in einem Topf und dünsten Sie die Zwiebel darin an.

2 Fügen Sie die Möhren und die Kartoffeln hinzu und dünsten Sie diese unter Rühren für wenige Minuten.

3 Löschen Sie das Gemüse mit der Gemüsebrühe ab und kochen Sie die Suppe auf mittlerer Stufe in etwa 15 bis 20 Minuten gar.

4 Schmecken Sie die Suppe mit Pfeffer ab und garnieren Sie sie mit der gehackten Petersilie.

EINTOPF MIT PASTINAKE UND MÖHRE

2 Port.

50 Min.

Leicht

Zutaten

700 ml Gemüsebrühe
250 g Pastinaken
140 g Sellerie
160 g Möhren
100 g Buchweizen
1 EL Olivenöl
20 g Dill
Salz

Nährwerte p. P.

391 kcal
59 g Kohlenhydrate
12 g Fett
9 g Eiweiß

1 Schälen und waschen Sie Möhren, Pastinaken und Sellerie und schneiden Sie alles in kleine Stücke. Waschen Sie den Dill und hacken Sie etwa die Hälfte fein.

2 Kochen Sie die Gemüsebrühe im Topf auf und geben Sie Buchweizen, Möhren, Pastinaken, Sellerie und Dill hinzu.

3 Kochen Sie den Eintopf, bis Buchweizen und Gemüse gar sind.

4 Schmecken Sie den Eintopf mit Salz ab und geben Sie das Olivenöl hinzu. Servieren Sie den Eintopf und geben Sie den restlichen Dill darüber.

ERBSEN-AVOCADO-SUPPE MIT MINZE

2 Port. 30 Min. Leicht

Zutaten

1 Zwiebel
1 Zehe Knoblauch
Rapsöl
weißer Pfeffer
225 g Erbsen
500 ml glutenfreie Gemüsebrühe
1 Handvoll Minze
1 Limette
½ Avocado
Meersalz

Nährwerte p. P.

298 kcal
24 g Kohlenhydrate
17 g Fett
11 g Eiweiß

1 Schälen und hacken Sie die Zwiebel und den Knoblauch. Erhitzen Sie das Öl in einem Topf und braten Sie Zwiebel und Knoblauch darin leicht an.

2 Geben Sie etwa ¾ der Erbsen dazu, rühren Sie gut um und löschen Sie dies mit der Gemüsebrühe ab.

3 Würzen Sie alles mit etwas Pfeffer und lassen Sie es bei geschlossenem Deckel für etwa 5 Minuten köcheln.

4 Waschen Sie in der Zwischenzeit die Minze und hacken Sie diese bis auf ein paar Dekoblätter fein.

5 Waschen Sie die Limette und raspeln Sie die Schale. Pressen Sie den Saft aus.

6 Schälen Sie die Avocado und schneiden Sie sie in Stücke. Vermengen Sie diese mit etwas Minze und Salz.

7 Blanchieren Sie die restlichen Erbsen etwa 1 Minute in einem Topf mit etwas Wasser.

8 Geben Sie die Limettenschale und die restliche Minze zur Erbsensuppe und pürieren Sie sie.

9 Setzen Sie die Avocadostücke mittig in einen Suppenteller, gießen Sie die Suppe drumherum und geben Sie die blanchierten Erbsen darüber.

10 Dekorieren Sie die fertige Suppe mit den beiseitegelegten Minzblättchen.

NUDELSUPPE MIT FADENNUDELN

4 Port. 30 Min. Leicht

Zutaten

100 g Fadennudeln
1 EL Butter
800 ml Wasser
1 Lorbeerblatt
1 Bund Suppengrün
1 Zwiebel, klein
Salz und Pfeffer

Nährwerte p. P.

420 kcal
85 g Kohlenhydrate
6 g Fett
14 g Eiweiß

1 Putzen Sie das Suppengrün und schneiden Sie dieses und die geschälte Zwiebel in kleine Würfel.

2 Zerlassen Sie die Butter in einem Topf und dünsten Sie hierin das Gemüse und die Zwiebelstücke.

3 Gießen Sie das Gemüse mit Wasser auf, fügen Sie das Lorbeerblatt hinzu und lassen Sie die Suppe aufkochen. Köcheln Sie die Suppe anschließend für etwa 15 Minuten bei schwacher Hitze.

4 Geben Sie die Fadennudeln dazu und garen Sie diese nach Packungsanleitung, bis die Nudeln bissfest sind.

5 Entfernen Sie das Lorbeerblatt und schmecken Sie die Suppe mit Salz und Pfeffer ab.

ORANGENSUPPE MIT FENCHEL

4 Port.

20 Min.

Leicht

Zutaten

2 Fenchelknollen
2 Paprika, gelb
1 Stück Ingwer
3 EL Olivenöl
900 ml Orange-Mango-Ananas-Saft
150 g Kokosmilch
3 TL Kurkuma
1 TL Paprikapulver, rosenscharf
Salz und Pfeffer
300 g Flusskrebse
200 g Zuckerschoten

Nährwerte p. P.

543 kcal
71 g Kohlenhydrate
17 g Fett
23 g Eiweiß

1 Schneiden Sie Fenchel und Paprika in Streifen. Das Fenchelgrün schneiden Sie klein und stellen es zur Seite. Würfeln Sie den Ingwer fein.

2 Erhitzen Sie das Öl in einem Topf. Braten Sie Fenchel, Paprika und Ingwer bei mittlerer Hitze kurz an.

3 Löschen Sie das Gemüse mit dem Orange-Mango-Ananas-Saft ab und kochen Sie die Suppe für etwa 15 Minuten bei schwacher Hitze.

4 Geben Sie die Kokosmilch hinzu und pürieren Sie alles.

5 Schmecken Sie die Suppe mit Salz, Pfeffer, Paprikapulver und Kurkuma ab.

6 Halbieren Sie die Zuckerschoten und geben Sie diese und die Flusskrebse in die Suppe. Erwärmen Sie beides kurz und richten Sie die Suppe in tiefen Tellern an.

BLUMENKOHL-KARTOFFEL-SUPPE

6 Port.

45 Min.

Leicht

Zutaten

650 g Kartoffeln
350 g Blumenkohl
30 g Butter
1 ½ Liter Gemüsefond
150 g Möhren
Salz und Pfeffer
1 EL Petersilie
1 EL Crème fraîche

Nährwerte p. P.

185 kcal
23 g Kohlenhydrate
8 g Fett
5 g Eiweiß

1 Schälen Sie die Kartoffeln, waschen Sie sie und schneiden Sie sie in kleine Stücke. Teilen Sie den Blumenkohl in kleine Röschen und waschen Sie diese ab. Lassen Sie sie gut abtropfen.

2 Zerlassen Sie die Butter in einem Topf und schwitzen Sie hierin die Kartoffeln und den Blumenkohl an.

3 Gießen Sie den Gemüsefond hinzu und lassen Sie die Suppe 30 Minuten bei schwacher Hitze köcheln.

4 Pürieren Sie das Gemüse fein und schmecken Sie es mit Salz und Pfeffer ab.

5 Schälen Sie die Möhren und schneiden Sie diese in kleine Würfel.

6 Geben Sie die Möhrenwürfel in die Suppe, fügen Sie die gehackte Petersilie hinzu und kochen Sie die Suppe weitere 10 Minuten.

Tipp: Richten Sie die Suppe in tiefen Tellern mit der Crème fraîche an.

BROKKOLI-CREMESUPPE

4 Port. | 30 Min. | Leicht

Zutaten

800 g Brokkoli
200 g saure Sahne
1500 ml Gemüsebrühe
1 EL Öl
½ Schalotte
50 g Kartoffeln, mehlig kochend
Pfeffer, Salz

Nährwerte p. P.

167 kcal
11 g Kohlenhydrate
8 g Fett
9 g Eiweiß

1 Schälen Sie zunächst die halbe Schalotte und schneiden Sie diese klein. Schälen Sie die Kartoffeln und schneiden Sie diese in kleine Würfel. Waschen Sie außerdem den Brokkoli, putzen Sie ihn und schneiden Sie ihn ebenfalls in kleine Stücke.

2 Nehmen Sie eine Pfanne und erhitzen Sie darin das Öl. Geben Sie dann zunächst die Schalottenstücke hinein und braten Sie diese an. Danach fügen Sie den Brokkoli sowie die Kartoffelwürfel hinzu und löschen alles mit der Gemüsebrühe ab. Anschließend ca. 20 Minuten bei geringer Hitze kochen.

3 Pürieren Sie danach die Mischung, um sie anschließend nochmals aufzukochen und mit Pfeffer und Salz zu würzen. Rühren Sie die saure Sahne, außer zwei TL, unter. Erneut aufkochen.

4 Abschließend geben Sie die Suppe auf zwei tiefe Teller und garnieren sie mit jeweils einem Teelöffel der sauren Sahne.

BRENNNESSELSÜPPCHEN

2 Port.

40 Min.

Leicht

Zutaten

500 ml Gemüsebrühe
180 g Brennnesseln
250 g Kartoffeln
2 EL Sesam
2 EL Olivenöl
Salz, Pfeffer, Muskat
Optional: Sesamkörner

Nährwerte p. P.

182 kcal
8 g Kohlenhydrate
14 g Fett
5 g Eiweiß

1 Die Brennnesseln mit klarem Wasser abspülen, trocken tupfen, die Blätter von den Stielen zupfen, in einen Topf geben und in Olivenöl dünsten, bis diese von selbst zerfallen.

2 Schälen Sie die Kartoffeln und schneiden Sie sie in kleine Würfel. Schütten Sie diese in den Topf, gießen Sie die Gemüsebrühe hinzu und lassen Sie alles bei geringer Hitze etwa eine halbe Stunde kochen. Danach die Mischung pürieren und auf Wunsch mit Wasser verdünnen.

3 Währenddessen den Sesam ohne Fett in einer Pfanne anrösten.

4 Abschließend die Suppe auf zwei Teller verteilen, mit Muskat, Pfeffer und Salz nachwürzen und ein paar geröstete Sesamkörner hineinstreuen. Letztere können Sie jedoch auch ganz weglassen oder ebenfalls pürieren.

LEICHTER PICHELSTEINER EINTOPF

4 Port.

2 Std.

Leicht

Zutaten

200 g Lauch
300 g mageres Rindfleisch
400 g Kartoffeln
700 g Mini-Romanasalat
500 ml Wasser
2 TL Rinderbouillonpulver
1 EL Öl
1 kleine Knolle Sellerie
2 Möhren
1 Bund Petersilie
etwas gemahlener Kümmel
Salz, Pfeffer

Nährwerte p. P.

299 kcal
21 g Kohlenhydrate
13 g Fett
24 g Eiweiß

1 Waschen und putzen Sie zunächst das Gemüse sowie die Kartoffeln. Letztere schälen und klein würfeln. Den Sellerie sowie das Rindfleisch ebenfalls in kleine Würfel, den Lauch und die Möhren in schmale Scheiben und den Romanasalat in feine Streifen schneiden.

2 Nehmen Sie eine Pfanne, erhitzen Sie das Öl darin, fügen Sie das Rindfleisch hinzu und braten Sie es leicht an.

3 Geben Sie abwechselnd schichtweise etwas Fleisch, einige Kartoffelstücke sowie etwas Gemüse in einen großen Topf. Würzen Sie jede Lage mit etwas Salz, Pfeffer und Kümmel.

4 Erhitzen Sie in einem weiteren Topf das Wasser, bis es kocht, und schütten Sie das Rinderbouillonpulver hinein. Rühren Sie um, bis sich das Pulver aufgelöst hat, und gießen Sie dann die Brühe über die Fleisch-Kartoffel-Gemüse-Mischung. Schließen Sie den Deckel und garen Sie den Eintopf bei mittlerer Hitze etwa 90 Minuten. Rühren Sie in dieser Zeit nicht um!

5 Die Petersilie mit klarem Wasser abspülen, trocken tupfen, die Blätter von den Stielen zupfen und kleinhacken.

6 Abschließend den Eintopf auf Teller verteilen und mit der Petersilie garnieren.

Salate

BUNTER SALAT

1 Port.

20 Min.

Leicht

Zutaten

1 Möhre
1 Paprika
½ Gurke
1 EL Mais
½ Eisbergsalat
2 EL Balsamico
2 EL Joghurt, 1,5 % Fett
1 TL Senf
1 TL Honig
Salz und Pfeffer

Nährwerte p. P.

213 kcal
34 g Kohlenhydrate
2 g Fett
7 g Eiweiß

1 Waschen Sie das Gemüse und den Salat und schneiden Sie alles in kleine Stücke.

2 In einer großen Salatschüssel vermischen Sie Balsamico, Joghurt, Senf und Honig und schmecken dies mit Salz und Pfeffer ab.

3 Geben Sie das Gemüse in die Schüssel und vermengen Sie dieses mit der Salatsoße.

Tipp: Peppen Sie den Salat mit gebratenem Hähnchen, angebratenen Pinienkernen oder Croûtons auf.

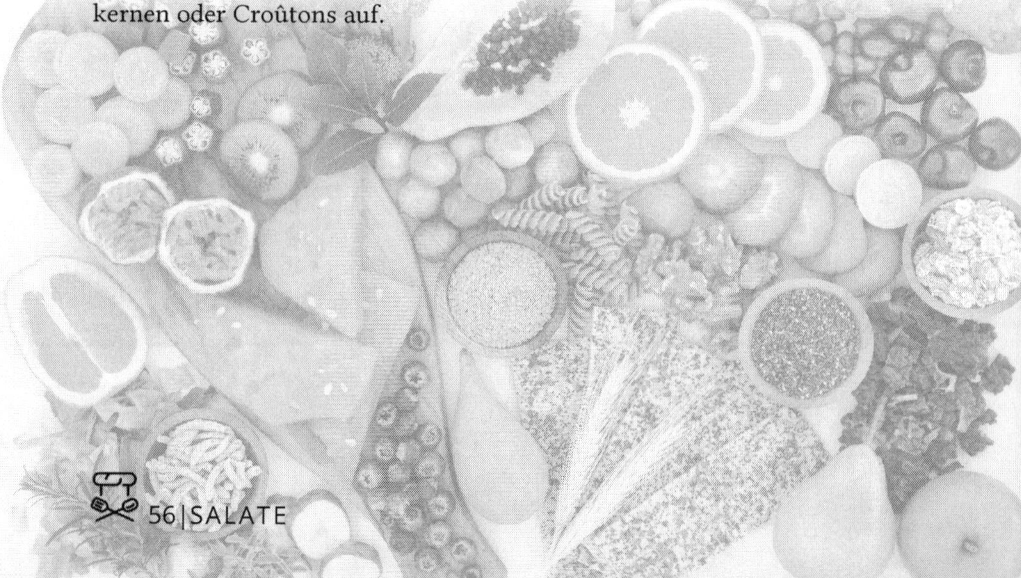

RUCOLA-SALAT MIT WASSERMELONE UND FRISCHKÄSE

2 Port.

30 Min.

Leicht

Zutaten

150 g Rucola
150 g Frischkäse, körnig
200 g Fruchtfleisch einer Wassermelone
2 EL Sesam, schwarz
2 EL Olivenöl
1 EL Sesamöl
½ Bund Petersilie
1 Bund Radieschen
1 kleine, rote Zwiebel
1 Limette

Nährwerte p. P.

372 kcal
22 g Kohlenhydrate
23 g Fett
16 g Eiweiß

1 Waschen und putzen Sie zunächst die Radieschen und schneiden Sie sie in dünne Scheiben. Die Zwiebel schälen und kleinhacken. Entfernen Sie aus der Melone die Kerne und stechen Sie aus dem Fruchtfleisch kleine Kugeln aus. Die Limette auspressen.

2 Spülen Sie die Petersilie sowie den Rucola mit klarem Wasser ab, tupfen Sie beides trocken, zupfen Sie die Blättchen von den Petersilienstängeln und hacken Sie diese dann ebenso wie den Rucola in kleine Stücke.

3 Geben Sie den Sesam in eine Pfanne, rösten Sie ihn ohne Fett kurz an und nehmen Sie ihn dann zum Abkühlen wieder heraus.

4 Für das Dressing verrühren Sie in einer Schüssel das Sesamöl, den Limettensaft und das Olivenöl miteinander.

5 Die Wassermelone, den Rucola, die Radieschen, die Petersilie sowie die Zwiebel in eine zweite Schüssel geben, das Dressing hinzufügen und alles gut vermengen. Abschließend den Salat auf zwei Teller verteilen, den körnigen Frischkäse gleichmäßig auf diesen geben und den gerösteten Sesam darüberstreuen.

FETA-MELONEN-SALAT

4 Port. 15 Min. Leicht

Zutaten

1 kleine Wassermelone
150 g Feta
1 Limette
1 TL Ahornsirup
Salz und Pfeffer

Nährwerte p. P.

150 kcal
12 g Kohlenhydrate
7 g Fett
7 g Eiweiß

1 Pressen Sie die Limette aus und verrühren Sie den Saft in einer Salatschüssel mit Ahornsirup, Salz und Pfeffer.

2 Schneiden Sie die Melone und den Feta in kleine Stücke und geben Sie diese in die Salatschüssel.

3 Vermischen Sie alles miteinander.

Tipp: Garnieren Sie den Salat mit Minzblättern. Minze wirkt entspannend auf den Verdauungstrakt und kann Krämpfe lösen.

THUNFISCHSALAT

2 Port. 15 Min. Leicht

Zutaten

1 Dose Thunfisch
2 Paprika
200 g Cocktailtomaten
1 TL Ahornsirup
½ rote Zwiebel
½ Bund Petersilie
2 EL Zitronensaft
3 EL Olivenöl
Salz und Pfeffer
1 Schuss Wasser

Nährwerte p. P.

370 kcal
14 g Kohlenhydrate
22 g Fett
25 g Eiweiß

1 Verrühren Sie für das Dressing in einer Salatschüssel einen Schuss Wasser, Zitronensaft, Olivenöl, Ahornsirup und Salz und Pfeffer miteinander.

2 Schneiden Sie das Gemüse in kleine Stücke und heben Sie dieses unter das Dressing.

3 Teilen Sie das Fleisch des Thunfischs mit einer Gabel gut auseinander und vermischen Sie dieses mit dem Gemüse.

4 Waschen Sie die Petersilie und hacken Sie diese fein. Streuen Sie die Petersilie über den Salat.

PELLKARTOFFELSALAT

12 Port.

45 Min.

Leicht

Zutaten

1,2 kg Kartoffeln (festkochend)
2 große Zwiebeln
500 g Miracel Whip
110 g Cornichons
Salz, Pfeffer

Nährwerte p. P.

143 kcal
21 g Kohlenhydrate
4 g Fett
2 g Eiweiß

1 Kochen Sie die Kartoffeln, bis sie gar sind.

2 Parallel verrühren Sie in einer großen Salatschüssel Miracel Whip und etwas Gurkensaft der Cornichons miteinander.

3 Schneiden Sie die geschälten Kartoffeln in Scheiben, die geschälten Zwiebeln und die Cornichons in Stücke.

4 Heben Sie Kartoffeln, Zwiebeln und Cornichons unter die Soße und würzen Sie alles mit Salz und Pfeffer.

NUDELSALAT MIT PESTO

12 Port.

30 Min.

Leicht

Zutaten

500 g Fusilli
380 g Pesto à la Genovese
300 g Crème fraîche
150 g Paprika
250 g Mozzarella
200 g Hinterschinken
Italienische Kräuter
Salz und Pfeffer

Nährwerte p. P.

454 kcal
35 g Kohlenhydrate
27 g Fett
14 g Eiweiß

1 Kochen Sie die Nudeln, bis sie gar sind. Parallel verrühren Sie in einer großen Salatschüssel Crème fraîche und Pesto.

2 Schneiden Sie Paprika, Mozzarella und Schinken in kleine Stücke und heben Sie diese unter die Crème-fraîche-Mischung.

3 Schrecken Sie die Fusilli kalt ab, wenn sie gar sind, und geben Sie diese zum Gemüse, sobald die Nudeln abgekühlt sind.

4 Schmecken Sie den Salat mit Salz, Pfeffer und italienischen Kräutern ab

HIRSESALAT

4 Port. 30 Min. Leicht

Zutaten

250 g Hirse
2 Zucchini
100 g Fetakäse
2 Zweige Pfefferminze
600 ml Wasser
40 g geröstete Kürbiskerne
1 Zitrone
4 EL Olivenöl
2 TL Salz
1 TL Pfeffer

Nährwerte p. P.

460 kcal
46 g Kohlenhydrate
22 g Fett
16 g Eiweiß

1 Schneiden Sie die Zucchini in dünne Scheiben und legen Sie diese auf ein mit zwei EL Olivenöl bestrichenes Backblech. Bestreuen Sie die Zucchini mit dem 1 TL Salz und rösten Sie sie mit der Grillfunktion Ihres Backofens, bis sie von beiden Seiten gut gebräunt sind.

2 Spülen Sie die Hirse in einem Sieb unter fließendem Wasser ab. Bringen Sie 600 ml Wasser mit 1 TL Salz zum Kochen und lassen Sie hierin die Hirse etwa 15 Minuten quellen.

3 Geben Sie die Hirse in eine Schüssel und zerpflücken Sie sie mit einer Gabel. Heben Sie den in Stücke geschnittenen Feta und die gegrillten Zucchinischeiben unter.

4 Fügen Sie den Saft der ausgepressten Zitrone sowie das restliche Olivenöl hinzu und schmecken Sie alles mit Salz und Pfeffer ab.

5 Richten Sie den Salat in kleinen Salatschüsseln an und garnieren Sie diese mit der frischen Minze und den gerösteten Kürbiskernen.

BULGURSALAT

4 Port. 20 Min. Leicht

Zutaten

1 Tasse Bulgur
2 Möhren
1 kleine Zucchini
½ Tasse Erbsen, TK
Gemüsebrühe
Salz und Pfeffer
Petersilie, Koriander und Minze
1 TL Olivenö

Nährwerte p. P.

232 kcal
39 g Kohlenhydrate
4 g Fett
8 g Eiweiß

1 Garen Sie den Bulgur nach Packungsanleitung.

2 Schälen Sie die Möhren, waschen Sie die Zucchini und schneiden Sie beides in kleine Würfel.

3 Gcbcn Sic das Öl in cincn Topf und bra ten Sie das Gemüse hierin an.

4 Heben Sie das Gemüse mit etwas Brühe nach Geschmack unter den Bulgur.

5 Schmecken Sie den Bulgursalat mit Salz, Pfeffer, Petersilie, Koriander und Minze ab.

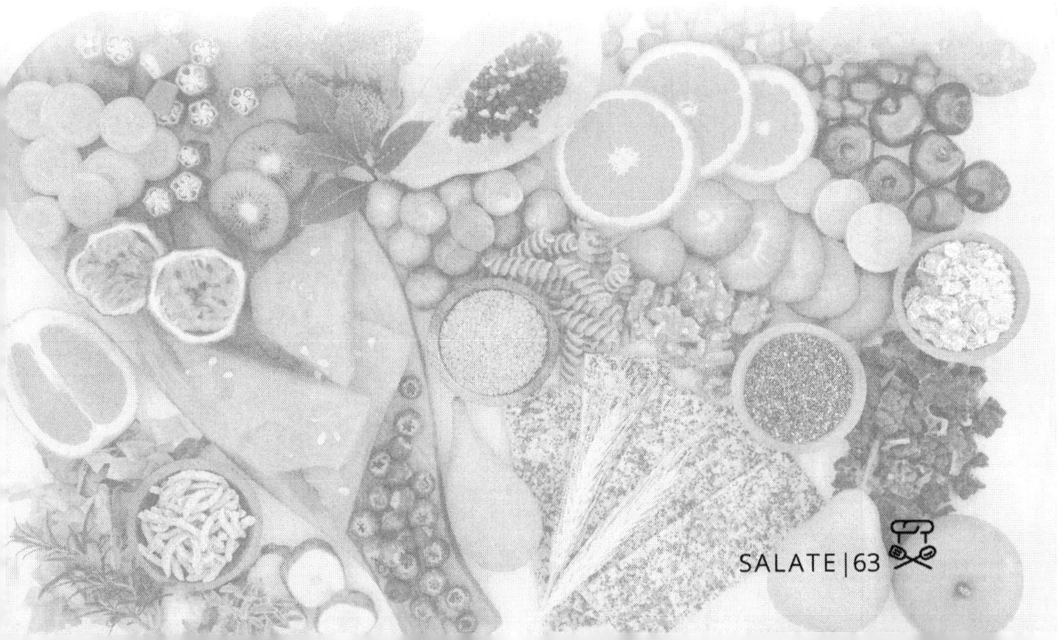

ROTE-BETE-SALAT

2 Port. 24 Min. Leicht

Zutaten

1 Stk. Rote Bete, gekocht
1 Stk. Apfel
1 EL saure Sahne
Salz und Pfeffer
1 Spritzer Apfelessig
1 Schuss Öl

Nährwerte p. P.

373 kcal
40 g Kohlenhydrate
18 g Fett
4 g Eiweiß

1 Schälen und würfeln Sie die weich gekochte Rote Bete. Schälen Sie den Apfel, entfernen Sie das Kerngehäuse und schneiden Sie den Apfel in kleine Stücke.

2 Geben Sie die Rote Bete und die Apfelstücke in eine Schüssel und würzen Sie sie mit Salz und Pfeffer.

3 Rühren Sie Essig, Öl und die saure Sahne unter den Salat. Lassen Sie den Salat 30 Minuten im Kühlschrank ziehen.

4 Richten Sie den Salat in kleinen Salatschüsseln an.

Fleisch & Geflügel

GEFLÜGEL-FRIKADELLEN

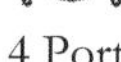

4 Port. 30 Min. Leicht

Zutaten

500 g Geflügelhack
1 Ei
1 trockenes Weizenbrötchen
1 weiße Zwiebel
Salz und Pfeffer
Sojasoße
3 EL Rapsöl

Nährwerte p. P.

312 kcal
8 g Kohlenhydrate
19 g Fett
26 g Eiweiß

1 Weichen Sie das Brötchen für etwa 10 Minuten in Wasser ein. Schälen Sie die Zwiebel und hacken Sie diese in kleine Stücke.

2 Geben Sie das Hack in eine Rührschüssel und vermengen Sie dieses mit dem Ei und den Zwiebelstücken.

3 Rühren Sie die Zwiebelstücke und das eingeweichte Brötchen unter. Würzen Sie die Hackmischung mit Salz, Pfeffer und etwas Sojasoße.

4 Formen Sie aus der Hackmischung kleine Kugeln und braten Sie diese von beiden Seiten etwa 5 Minuten in dem Rapsöl an.

5 Testen Sie, ob die Frikadellen gar sind, und braten Sie diese bei Bedarf noch ein paar Minuten weiter.

Tipp: Als Beilage eignen sich Salzkartoffeln und Möhren.

PUTENGESCHNETZELTES

4 Port. 35 Min. Leicht

Zutaten

500 g Spätzle
600 g Putenschnitzel
300 g Champignons
2 Paprika
1 Zwiebel
500 ml Gemüsebrühe
1 Becher Crème fraîche
2 EL Olivenöl
Salz, Pfeffer und Paprikapulver

Nährwerte p. P.

435 kcal
39 g Kohlenhydrate
9 g Fett
49 g Eiweiß

1 Garen Sie die Spätzle nach Packungsanleitung.

2 Schneiden Sie die Putenschnitzel in kleine Stücke und braten Sie diese im Olivenöl an.

3 Waschen Sie das Gemüse, schneiden Sie es in kleine Stücke und geben Sie dieses zum Putenfleisch hinzu.

4 Wenn alles gar gebraten ist, geben Sie die Gemüsebrühe hinzu, kochen diese auf und heben die Crème fraîche unter.

5 Geben Sie die fertig gekochten Spätzle hinzu und schmecken Sie alles mit Salz, Pfeffer und Paprikapulver ab.

HACKFLEISCHPFANNE MIT ZUCCHINI

2 Port.

30 Min.

Leicht

Zutaten

300 g gemischtes Hack
500 g Zucchini
1 Zwiebel
1 Knoblauchzehe
1 EL Tomatenmark
400 g gestückelte Tomaten
1 EL Olivenöl
Salz, Pfeffer und Italienische Kräuter

Nährwerte p. P.

489 kcal
11 g Kohlenhydrate
30 g Fett
44 g Eiweiß

1 Braten Sie das Hack in dem Öl in einer Pfanne an.

2 Waschen Sie die Zucchini, schneiden Sie diese und die Zwiebel in kleine Stücke und geben Sie beides anschließend zum Putenfleisch.

3 Pressen Sie die Knoblauchzehe mit einer Knoblauchpresse aus und geben Sie diese sowie das Tomatenmark in die Pfanne.

4 Heben Sie die gestückelten Tomaten unter und kochen Sie diese kurz auf.

5 Schmecken Sie das Ganze mit Salz, Pfeffer und italienischen Kräutern ab.

Tipp: Dazu passt Reis oder Fladenbrot.

KALBSGULASCH

12 Port. 2,5 Std. Mittel

Zutaten

2 kg Kalbsgulasch
Ca. 500 ml Wasser
600 g Champignons aus der Dose
300 g Paprika
2 Zwiebeln
100 g dunkler Soßenbinder
2 EL Olivenöl
Salz, Pfeffer und Paprikapulver

Nährwerte p. P.

221 kcal
8 g Kohlenhydrate
4 g Fett
36 g Eiweiß

1 Braten Sie das Kalbsgulasch in dem Olivenöl scharf an.

2 Schneiden Sie die Zwiebeln in kleine Stücke und geben Sie sie zum Fleisch. Braten Sie diese weiter, bis sie glasig sind. Würzen Sie das Fleisch mit Salz, Pfeffer und Paprikapulver.

3 Löschen Sie das Fleisch mit etwa 500 ml Wasser ab, sodass das Fleisch gerade so mit Wasser bedeckt ist. Garen Sie das Fleisch etwa 2 Stunden, bis es zart ist und zerfällt.

4 Waschen Sie die Paprika und schneiden Sie sie in kleine Stücke. Geben Sie diese mit den Champignons zum Fleisch und köcheln Sie das Ganze für weitere 20 Minuten.

5 Anschließend dicken Sie die Flüssigkeit mit dem Soßenbinder an, bis eine dunkle Soße entsteht.

6 Schmecken Sie das Gulasch mit Salz, Pfeffer und Paprikapulver ab.

Tipp: Dazu passen Kartoffeln, Spätzle und Nudeln.

TOMATE-MOZZARELLA-SALAT MIT GEBRATENER HÄHNCHENBRUST

1 Port.

20 Min.

Leicht

Zutaten

125 g Mozzarella
300 g Tomaten
1 Handvoll frisches Basilikum
2 EL Balsamicoessig
2 EL Olivenöl
150 g Hähnchenbrustfilet
Salz und Pfeffer

Nährwerte p. P.

583 kcal
16 g Kohlenhydrate
29 g Fett
57 g Eiweiß

1 Schneiden Sie den Mozzarella in Scheiben. Waschen Sie die Tomaten und schneiden Sie diese ebenfalls in Scheiben.

2 Richten Sie beides abwechselnd auf einem Teller an und beträufeln Sie es mit 1 EL Olivenöl und dem Balsamicoessig.

3 Braten Sie das Hähnchenbrustfilet in dem restlichen Öl an und würzen Sie es mit Salz und Pfeffer.

4 Richten Sie das Hähnchenbrustfilet auf dem Teller neben dem Tomate-Mozzarella-Salat an und garnieren Sie alles mit den Basilikumblättern.

LAMMLACHS MIT OFENGEMÜSE

2 Port.

40 Min.

Leicht

Zutaten

300 g Lammlachs
1 Zucchini
1 Paprika
1 Zwiebel
2 Tomaten
300 g Kartoffeln
3 EL Olivenöl
Salz, Pfeffer und Italienische Kräuter

Nährwerte p. P.

613 kcal
37 g Kohlenhydrate
29 g Fett
36 g Eiweiß

1 Schälen und waschen Sie die Kartoffeln und schneiden Sie diese in kleine Stücke. Waschen Sie das restliche Gemüse und schneiden Sie alles in kleine Stücke.

2 Geben Sie die Kartoffel- und Gemüsestücke in eine große Schüssel, fügen Sie 3 EL Olivenöl hinzu und würzen Sie das Gemüse mit Salz, Pfeffer und Italienischen Kräutern. Lassen Sie die Mischung etwa 10 Minuten stehen.

3 Erhitzen Sie den Backofen auf 200 °C Ober-/Unterhitze (oder 180 °C Umluft).

4 Geben Sie das marinierte Gemüse auf einem mit Backpapier ausgelegtes Backblech in den Ofen und backen Sie das Gemüse etwa 20 Minuten, bis es gar ist.

5 Etwa 12 Minuten, bevor das Gemüse fertig ist, würzen Sie die Lammlachse mit Salz und Pfeffer und braten diese gleichmäßig von beiden Seiten, bis das Fleisch innen noch leicht rosa ist.

6 Richten Sie die Lammlachse mit dem Gemüse auf einem Teller an.

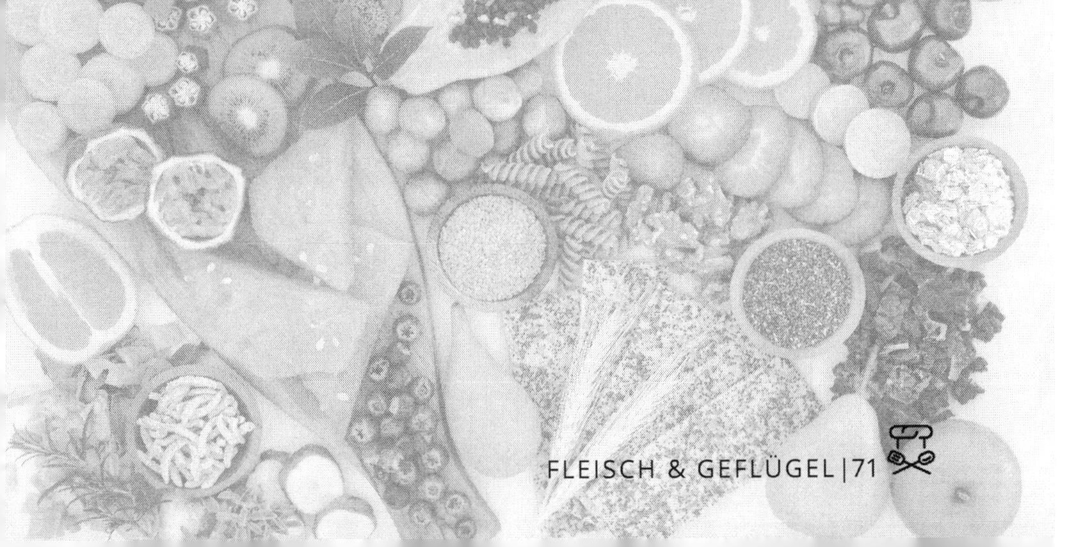

HÄHNCHENGESCHNETZELTES MIT HIRSE

1 Port.

30 Min.

Leicht

Zutaten

100 g Hähnchenbrustfilet
125 g Möhren
175 g Zucchini
85 g Hirse
etwas Salz, Pfeffer, Curry und Gemüsebrühe

Nährwerte p. P.

607 kcal
73 g Kohlenhydrate
15 g Fett
37 g Eiweiß

1 Schneiden Sie das Hähnchenbrustfilet in Streifen und braten Sie diese in einer Pfanne an.

2 Spülen Sie die Hirse unter klarem Wasser ab und gießen Sie sie anschließend mit etwas Gemüsebrühe in einem Topf auf. Fügen Sie 2 EL Curry und etwas Salz hinzu und kochen Sie die Hirse auf. Lassen Sie diese für etwa 20 Minuten köcheln.

3 Schälen Sie in der Zwischenzeit die Möhren und schneiden Sie diese und die Zucchini in kleine Würfel.

4 Geben Sie das Gemüse zum Hähnchenbrustfilet und braten Sie dieses mit an, bis es gar ist. Würzen Sie alles mit Salz, Pfeffer und etwas Curry nach Geschmack.

5 Mischen Sie das Hähnchenbrustfilet und das Gemüse unter die Hirse, lassen Sie es etwa 1 bis 2 Minuten ziehen und richten Sie alles auf einem Teller an.

Fisch & Meeresfrüchte

MATJES-BROT

1 Port.

10 Min.

Leicht

Zutaten

300 g geräucherter Matjes (mit Rapsöl zubereitet, frisch oder aus dem Kühlregal)
2 Scheiben Mischbrot
etwas Butter
etwas frischer Dill

Nährwerte p. P.

578 kcal
24 g Kohlenhydrate
40 g Fett
29 g Eiweiß

1 Schneiden Sie den Matjes in kleine Stücke. Bestreichen Sie die Brotscheiben mit etwas Butter.

2 Richten Sie die Matjesstücke auf den beiden Brotscheiben an und bestreuen Sie diese mit etwas Dill.

SPAGHETTI MIT GARNELEN UND GEMÜSE

4 Port.

20 Min.

Leicht

Zutaten

50 ml Gemüsebrühe
200 g Zucchini
200 g Erbsen (TK oder aus der Konserve)
250 g marinierte Garnelen
2 rote Paprika
2 Tomaten
500 g Spaghetti
3 EL Olivenöl
Salz, Pfeffer und Italienische Kräuter

Nährwerte p. P.

637 kcal
98 g Kohlenhydrate
9 g Fett
32 g Eiweiß

1 Kochen Sie die Spaghetti nach Packungsanleitung.

2 Waschen Sie das Gemüse und schneiden Sie es in kleine Stücke.

3 Braten Sie das Gemüse in dem Olivenöl in der Pfanne an. Kurz bevor dieses gar ist, geben Sie die Gemüsebrühe und die Erbsen dazu und garen sie mit.

4 Fügen Sie die marinierten Garnelen hinzu und braten Sie diese für etwa 3 Minuten.

5 Heben Sie die garen Spaghetti unter, mischen Sie alles gut durcheinander und schmecken Sie es mit Salz, Pfeffer und italienischen Kräuter ab.

6 Richten Sie alles auf tiefen Tellern an.

GNOCCHI-PFANNE MIT LACHS UND TOMATE

4 Port.

20 Min.

Leicht

Zutaten

250 g Gnocchi
400 g Lachsfilet (frisch oder TK)
200 g Cocktailtomaten
4 EL Tomatenmark
50 g Parmesan
250 g Magerquark
½ Zitrone
200 ml Milch (1,5 % Fett)
3 EL Olivenöl
Salz, Pfeffer und Italienische Kräuter

Nährwerte p. P.

484 kcal
51 g Kohlenhydrate
16 g Fett
27 g Eiweiß

1 Pressen Sie die halbe Zitrone aus und träufeln Sie den Zitronensaft über den Lachs. Würzen Sie den Lachs mit Salz und Pfeffer und braten Sie diesen mit 3 EL Olivenöl in einer Pfanne an. Halbieren Sie die Cocktailtomaten.

2 Heben Sie den Lachs aus der Pfanne und halten Sie diesen (zum Beispiel im Ofen) warm.

3 Salzwasser zum Kochen bringen und die Gnocchi nach Packungsanleitung garen. Gleichzeitig Tomatenmark, Milch und Quark in die Pfanne geben, vermischen und aufkochen lassen. Den Parmesan hinzugeben und mit Salz, Pfeffer und italienischen Kräutern würzen.

4 Schneiden Sie den Lachs in kleine Stücke, geben Sie diese mit den Tomaten zur Soße und vermischen Sie alles.

5 Richten Sie die Gnocchi-Pfanne auf einem Teller an.

GEMÜSE-SESAM-PFANNE MIT THUNFISCH

1 Port.

20 Min.

Leicht

Zutaten

250 g Aubergine
300 g Zucchini
300 g Möhren
130 g Thunfisch (Konserve)
10 g Sesam
1 EL Kokosfett
Salz, Pfeffer und Italienische Kräuter

Nährwerte p. P.

425 kcal
35 g Kohlenhydrate
7 g Fett
43 g Eiweiß

1 Schälen Sie die Möhren und schneiden Sie diese sowie die Aubergine und die Zucchini in kleine Stücke.

2 Braten Sie das Gemüse in dem Kokosfett in einer Pfanne scharf an und dünsten Sie es anschließend für etwa 10 Minuten bei geschlossenem Deckel. Rühren Sie das Gemüse hierbei regelmäßig um, damit es nicht anbrennt.

3 Würzen Sie das Gemüse mit Salz, Pfeffer und italienischen Kräutern und geben Sie den Sesam hinzu.

4 Rühren Sie den Thunfisch unter und braten Sie diesen kurz an.

5 Servieren Sie die Gemüse-Sesam-Pfanne auf einem Teller.

GEMÜSE-PFANNE MIT QUINOA UND GARNELEN

1 Port.

20 Min.

Leicht

Zutaten

150 g Zucchini
100 g Süßkartoffeln
150 g Garnelen (TK)
75 g Quinoa
1 EL Olivenöl
Salz, Pfeffer und Italienische Kräuter

Nährwerte p. P.

566 kcal
75 g Kohlenhydrate
7 g Fett
41 g Eiweiß

1 Tauen Sie die Garnelen etwa 1-2 Stunden vor der Verarbeitung auf.

2 Schälen Sie die Süßkartoffeln und schneiden Sie diese und die Zucchini in kleine Stücke.

3 Braten Sie das Gemüse in dem Olivenöl in einer Pfanne an. Kochen Sie in der Zwischenzeit die Quinoa in einem Topf mit Salzwasser nach Packungsanleitung.

4 Geben Sie die Garnelen zu dem Gemüse und braten Sie diese an.

5 Geben Sie die gegarte Quinoa zu dem Gemüse und den Garnelen und würzen Sie alles mit Salz, Pfeffer und italienischen Kräutern.

WRAPS MIT RÄUCHERLACHS

1 Port. 5 Min. Leicht

Zutaten

50 g Eisbergsalat
50 g Rucola
50 g Frischkäse
125 g Tortilla-Wrap, Vollkorn
100 g Räucherlachs
Salz und Pfeffer

Nährwerte p. P.

730 kcal
60 g Kohlenhydrate
34 g Fett
40 g Eiweiß

1 Erhitzen Sie die Wraps für etwa 40 Sekunden in der Mikrowelle.

2 Bestreichen Sie die Wraps mit Frischkäse und befüllen Sie diese mit je einer Handvoll Eisbergsalat und Rucola sowie dem Räucherlachs.

3 Würzen Sie den Wrap mit Salz und Pfeffer.

4 Rollen Sie den Wrap zusammen und richten Sie diesen auf einem Teller an.

KABELJAU

2 Port. 20 Min. Leicht

Zutaten

4 Kabeljaufilets
150 g Kartoffeln
150 g Rote Bete (frisch)
200 g Zucchini
1 ½ EL Olivenöl
Salz, Pfeffer, Basilikum (frisch) und Rosmarin (frisch)

Nährwerte p. P.

411 kcal
20 g Kohlenhydrate
10 g Fett
57 g Eiweiß

1 Schälen Sie die Kartoffeln und die Rote Bete, putzen Sie die Zucchini und schneiden Sie alles in kleine Stücke.

2 Hacken Sie Basilikum und Rosmarin fein. Legen Sie etwas Basilikum zum Garnieren zur Seite.

3 Erhitzen Sie das Olivenöl und geben Sie die Kartoffelwürfel hinzu. Garen Sie diese bei mittlerer Hitze mit geschlossenem Deckel.

4 Geben Sie die Zucchini und die Rote Bete hinzu und garen Sie alles für etwa 5 Minuten.

5 Heizen Sie den Backofen vor (190 °C Ober-/Unterhitze, 170 °C Umluft).

6 Geben Sie die Kabeljaufilets in eine gefettete Auflaufform und würzen Sie sie mit Salz und Pfeffer.

7 Vermischen Sie das Gemüse mit den Kräutern und geben Sie das Ganze in eine zweite Auflaufform.

8 Stellen Sie beide Auflaufformen für etwa 15 Minuten in den Backofen, bis alles gar ist.

9 Richten Sie das Gemüse und die Kabeljaufilets auf einem Teller an.

Vegetarisch

TOFU-WOK-NUDELN

1 Port. 20 Min. Leicht

Zutaten

70 g Paprika
50 g Möhren
50 g Pak Choi
70 g geräucherter Tofu
85 g Wok-Nudeln
10 g Sojasoße
1 TL Thai-Currypaste, rot
1 EL Sesamöl

Nährwerte p. P.

496 kcal
66 g Kohlenhydrate
12 g Fett
25 g Eiweiß

1 Schneiden Sie den Tofu in Würfel und braten Sie diesen mit der Currypaste in dem Sesamöl in einer Pfanne an.

2 Schneiden Sie die Möhren, die Paprika und den Pak Choi in Streifen oder Stücke und geben Sie diese mit der Sojasoße zum Tofu.

3 Braten Sie alles für etwa 10-15 Minuten an.

4 Wenn das Gemüse gar ist, geben Sie die Wok-Nudeln hinzu und braten alles gemeinsam für weitere 5 Minuten.

5 Wenn die Nudeln weich sind, richten Sie die Tofu-Wok-Nudeln auf einem Teller an.

WRAPS MIT GEBRATENEM GEMÜSE UND KICHERERBSEN

1 Port.

10 Min.

Leicht

Zutaten

70 g Tortilla-Wrap, Vollkorn
30 g Zwiebeln
100 g Aubergine
75 g Paprika
75 g Kichererbsen
50 g Frischkäse
1 TL Olivenöl
1 TL Tomatenmark
Salz, Pfeffer und Paprikapulver

Nährwerte p. P.

427 kcal
54 g Kohlenhydrate
10 g Fett
21 g Eiweiß

1 Schneiden Sie das Gemüse in kleine Stücke und braten Sie dieses mit 1 TL Olivenöl in einer Pfanne an.

2 Geben Sie die Kichererbsen und das Tomatenmark sowie die Gewürze hinzu und garen Sie dieses für weitere 5 Minuten.

3 Bestreichen Sie den Wrap mit dem Frischkäse, geben Sie das Gemüse darauf und rollen Sie den Wrap zusammen.

4 Richten Sie den Wrap auf einem Teller an.

BLATTSALAT MIT SÜSSKARTOFFEL

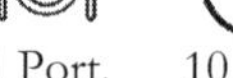

1 Port. 10 Min. Leicht

Zutaten

200 g Süßkartoffel
200 g Blattsalat
10 g gehackte Walnüsse
10 g Honig
2 EL Balsamicoessig
1 TL Senf

Nährwerte p. P.

412 kcal
67 g Kohlenhydrate
9 g Fett
7 g Eiweiß

1 Halbieren Sie die Süßkartoffel und garen Sie diese bei 800 Watt für 4-7 Minuten in der Mikrowelle. Schälen Sie die Süßkartoffel und schneiden Sie sie in kleine Stücke.

2 Waschen Sie den Blattsalat und zupfen Sie ihn in kleine Stücke.

3 Rühren Sie aus Honig, Balsamicoessig und Senf ein Dressing in einer kleinen Salatschüssel an und geben Sie den Blattsalat und die Süßkartoffel hinzu.

4 Mischen Sie alles gut durch und streuen Sie die in Stücke gehackten Walnüsse hinzu.

ASIATISCHE TOFU-GEMÜSE-PFANNE

1 Port.

20 Min.

Leicht

Zutaten

100 g Bambussprossen
150 g Süßkartoffel
150 g Zucchini
175 g geräucherter Tofu
25 g Sojasoße
10 g Thai-Currypaste, rot
20 ml Teriyakisoße
1 EL Sesamöl

Nährwerte p. P.

607 kcal
50 g Kohlenhydrate
23 g Fett
41 g Eiweiß

1 Schneiden Sie die Süßkartoffel und die Zucchini in Würfel und braten Sie diese in einer Pfanne im Sesamöl an.

2 Geben Sie die Bambussprossen, die Currypaste und die Hälfte der Sojasoße hinzu und braten Sie diese mit an.

3 Schneiden Sie den Tofu in Streifen und braten Sie diesen in einer zweiten Pfanne mit etwas Sesamöl in der anderen Hälfte der Sojasoße sowie der Teriyakisoße an.

4 Richten Sie das Gemüse mit dem Tofu auf einem Teller an.

ZUCCHINIPUFFER

16 Port. 30 Min. Leicht

Zutaten

670 g Zucchini
80 g Zwiebel
160 g Mehl
150 g Eier
20 g Knoblauch
etwas Olivenöl

Nährwerte p. P.

87 kcal
8 g Kohlenhydrate
4 g Fett
3 g Eiweiß

1 Reiben Sie die Zucchini und die Zwiebel mit einer Küchenreibe in feine Stücke. Geben Sie diese gemeinsam mit dem Mehl und den Eiern in eine Rührschüssel und vermischen Sie alles mit einem Rührgerät.

2 Pressen Sie den Knoblauch mit einer Knoblauchpresse und geben Sie diesen hinzu. Mischen Sie alles gut durch.

3 Erhitzen Sie immer wieder etwas Olivenöl in einer Pfanne und formen Sie aus dem Teig mit einem Esslöffel kleine Pfannkuchen.

4 Braten Sie diese von beiden Seiten gut an und halten Sie die fertig gebratenen Puffer zum Beispiel im Backofen warm.

5 Wiederholen Sie dies mit dem restlichen Teig, bis dieser aufgebraucht ist.

6 Richten Sie die fertigen Puffer auf einem Teller an.

GEFÜLLTE CHAMPIGNONS

2 Port.

30 Min.

Leicht

Zutaten

500 g große Champignons
1 Bund Frühlingszwiebeln
250 g Hüttenkäse
2 Tomaten
Salz, Pfeffer und Italienische Kräuter

Nährwerte p. P.

217 kcal
16 g Kohlenhydrate
5 g Fett
20 g Eiweiß

1 Waschen Sie die Champignons und entfernen Sie die Stiele. Waschen Sie die Frühlingszwiebeln und die Tomaten und schneiden Sie die Frühlingszwiebeln in kleine Ringe und die Tomaten in kleine Stücke.

2 Vermischen Sie beides mit dem Hüttenkäse und schmecken Sie mit Salz, Pfeffer und italienischen Kräutern ab.

3 Befüllen Sie die Champignons mit der Hüttenkäse-Creme.

4 Überbacken Sie die Champignons für etwa 10 Minuten im Backofen (200 °C Ober-/Unterhitze oder 180 °C Umluft).

GEBRATENER GEMÜSEREIS

1 Port.

23 Min.

Leicht

Zutaten

100 g Möhren
150 g Brokkoli
50 g Paprika
90 g Eier
60 g Reis
10 g Sojasoße
1 EL Sesamöl
Salz, Pfeffer und Currypulver

Nährwerte p. P.

487 kcal
8 g Kohlenhydrate
4 g Fett
3 g Eiweiß

1 Kochen Sie den Reis in einem Kochtopf mit Salzwasser, bis er gar ist.

2 Waschen Sie das Gemüse und schneiden Sie es in kleine Würfel.

3 Braten Sie das Gemüse in dem Sesamöl in einer Pfanne an und würzen Sie es mit Salz, Pfeffer und Currypulver.

4 Geben Sie die Sojasoße und die Eier hinzu und rühren Sie beides gut unter. Heben Sie den Reis unter und braten Sie diesen für weitere 5 Minuten an.

5 Richten Sie den gebratenen Reis auf einem Teller an.

Vegan

TAGLIATELLE MIT TOFU

2 Port.

20 Min.

Leicht

Zutaten

150 g Paprika
200 g Möhren
250 g Aubergine
200 g Tofu
100 g Bandnudeln (ohne Ei)
30 g Teriyakisoße
20 g Sojasoße
1 EL Sesamöl
Salz und Pfeffer

Nährwerte p. P.

453 kcal
27 g Kohlenhydrate
12 g Fett
27 g Eiweiß

1 Kochen Sie die Bandnudeln nach Packungsanleitung.

2 Schneiden Sie den Tofu in Würfel und braten Sie diesen mit dem Öl und der Teriyakisoße in einer Pfanne an.

3 Schälen Sie die Möhren, waschen Sie die Paprika und die Aubergine und schneiden Sie anschließend das Gemüse in kleine Würfel. Braten Sie das Gemüse in der Pfanne mit dem Tofu an.

4 Würzen Sie das Gemüse mit Salz, Pfeffer und der Sojasoße.

5 Vermischen Sie das Gemüse mit den Bandnudeln und richten Sie beides auf einem Teller an.

MAULTASCHEN-PFANNE

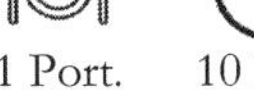

1 Port. 10 Min. Leicht

Zutaten

150 g Zucchini
150 g Paprika
300 g vegane Maultaschen
1 EL Olivenöl

Nährwerte p. P.

697 kcal
22 g Kohlenhydrate
15 g Fett
29 g Eiweiß

1 Schneiden Sie die Maultaschen in Scheiben. Waschen Sie das Gemüse und schneiden Sie es in kleine Stücke.

2 Braten Sie die Maultaschen gemeinsam mit dem Gemüse und dem Olivenöl in einer Pfanne an.

3 Richten Sie die Maultaschen-Pfanne auf einem Teller an.

Tipp: Dazu passt ein leichter Kräuterquark.

VEGANE SPAGHETTI BOLOGNESE

2 Port. 20 Min. Leicht

Zutaten

400 g gehackte Tomaten
30 g Tomatenmark
100 g Möhren
80 g Sojageschnetzeltes
160 ml Wasser
1 EL Olivenöl
150 g Vollkornspaghetti
50 ml Gemüsebrühe
Salz und Pfeffer

Nährwerte p. P.

513 kcal
71 g Kohlenhydrate
9 g Fett
35 g Eiweiß

1 Gießen Sie das Sojageschnetzelte mit 160 ml Wasser auf und lassen Sie es gut durchziehen.

2 Kochen Sie die Vollkornspaghetti nach Packungsanleitung. Schälen Sie die Möhren und schneiden Sie diese in kleine Würfel.

3 Braten Sie das Sojageschnetzelte in einer Pfanne mit dem Olivenöl an. Geben Sie die Möhrenwürfel hinzu und braten Sie diese mit an.

4 Löschen Sie Sojageschnetzeltes und Möhren mit der Gemüsebrühe ab. Geben Sie das Tomatenmark und die gehackten Tomaten hinzu und schmecken Sie die Soße mit Salz und Pfeffer ab.

5 Füllen Sie die Spaghetti in tiefe Teller und geben Sie die Soße darüber.

VEGANE SPAGHETTI CARBONARA

2 Port. 20 Min. Leicht

Zutaten

200 g Räuchertofu
70 g Cashewkerne
2 g Speisestärke
2 g Hefeflocken
15 g Sojasoße
150 g Spaghetti
Salz und Pfeffer

Nährwerte p. P.

627 kcal
63 g Kohlenhydrate
25 g Fett
31 g Eiweiß

1 Legen Sie die Cashewkerne für etwa 3 Stunden in Wasser ein. Anschließend pürieren Sie diese mit Pfeffer und Salz in einem Mixer.

2 Kochen Sie die Spaghetti nach Packungsanleitung.

3 Würfeln Sie den Tofu und braten Sie diesen mit Sojasoße und Speisestärke in einer Pfanne an.

4 Geben Sie die Cashewkerne zum Tofu und rühren Sie die Spaghetti unter.

5 Richten Sie alles auf einem tiefen Teller an und garnieren Sie die Spaghetti mit Hefeflocken.

GEMÜSEBRATLINGE

42 Port.

20 Min.

Leicht

Zutaten

2 Knoblauchzehen
100 g rote Linsen
2 EL Wasser
1 Möhre
2 Zucchini
25 g Petersilie
150 g kernige Haferflocken
2 EL Senf
2 EL Olivenöl
Salz und Pfeffer

Nährwerte p. P.

274 kcal
43 g Kohlenhydrate
4 g Fett
14 g Eiweiß

1 Schälen und hacken Sie den Knoblauch und die Petersilie. Raspeln Sie die Möhre und die Zucchini mit einer Küchenreibe fein. Pürieren Sie Linsen, Knoblauch und 2 EL Wasser fein.

2 Vermischen Sie in einer Schüssel Haferflocken, Linsenpüree, Gemüse und Senf miteinander und schmecken Sie das Ganze mit Salz und Pfeffer sowie der Petersilie ab.

3 Feuchten Sie Ihre Hände mit etwas Wasser an und formen Sie aus der Masse gleich große Gemüsebratlinge.

4 Braten Sie die Gemüsebratlinge in einer Pfanne in dem Olivenöl von beiden Seiten gleichmäßig an, bis sie goldbraun sind.

AVOCADO-BOWL MIT QUINOA

4 Port.

30 Min.

Leicht

Zutaten

300 g Quinoa (z. B. bunte)
2 Limetten
4 EL Olivenöl
1 TL Ahornsirup
1 Salatgurke
2 Avocados
30 g Feldsalat
¼ Bund Petersilie
1 Mango
Salz, Zimt, Pfeffer

Nährwerte p. P.

550 kcal
61 g Kohlenhydrate
27 g Fett
11 g Eiweiß

1 Bereiten Sie die Quinoa nach Packungsanleitung zu.

2 Pressen Sie die Limetten aus. Verrühren Sie Öl, Ahornsirup, Limettensaft und ½ TL Zimt miteinander und würzen Sie dies kräftig mit Salz und Pfeffer.

3 Waschen Sie die Gurke und schneiden Sie sie in kleine Würfel.

4 Halbieren Sie die Avocados, entkernen Sie diese und lösen Sie das Fruchtfleisch heraus. Schneiden Sie das Fruchtfleisch in Scheiben.

5 Waschen Sie den Salat und die Petersilie und hacken Sie beides in kleine Stücke.

6 Schälen Sie die Mango, lösen Sie das Fruchtfleisch vom Stein und würfeln Sie es fein.

7 Vermengen Sie Quinoa, Petersilie und den gehackten Salat. Heben Sie die Gurke, die Mango und den Salat unter und richten Sie die Avocado darauf an.

8 Beträufeln Sie alles mit dem angerührten Dressing.

KÜRBIS-PASTA

4 Port.

20 Min.

Leicht

Zutaten

500 g Rigatoni
3 EL Öl
750 g Butternut-Kürbis
2 Knoblauchzehen
50 g rote Currypaste
400 g Kokosmilch
100 g Gemüsebrühe
Salz, Pfeffer
Paprikapulver, edelsüß
gemahlener Ingwer

Nährwerte p. P.

827 kcal
120 g Kohlenhydrate
29 g Fett
21 g Eiweiß

1 Kochen Sie die Rigatoni nach Packungsanweisung.

2 Schälen Sie den Kürbis und entfernen Sie das Kerngehäuse. Würfeln Sie diesen und braten Sie ihn in heißem Öl bei mittlerer Hitze für etwa 10 Minuten an.

3 Schälen Sie den Knoblauch, scheiden Sie diesen in Scheiben und geben Sie ihn nach etwa 5 Minuten zum Kürbis.

4 Fügen Sie die Currypaste, das Paprikapulver und den Ingwer hinzu, schwitzen Sie alles an und löschen Sie es schließlich mit Kokosmilch und Brühe ab. Kochen Sie es auf und lassen Sie es für weitere ca. 2 Minuten weiterköcheln. Schmecken Sie die Soße mit Salz und Pfeffer ab.

5 Heben Sie die abgegossenen Nudeln unter die Kürbissoße und richten Sie diese auf tiefen Tellern an.

CHILI SIN CARNE

4 Port.

20 Min.

Leicht

Zutaten

1 Dose(n) Linsen (400 g)
1 Dose(n) Kidneyboh-nen (250 g)
1 Dose(n) weiße Bohnen (250 g)
1 Dose(n) Mais (285 g)
800 g stückige Tomaten
1 Zwiebel
1 TL Gemüsebrühe
2 Esslöffel Rapsöl
1 Limette
Salz, Cayennepfeffer
0,5 TL Kreuzkümmel
nach Belieben Chilipul-ver

Nährwerte p. P.

281 kcal
33 g Kohlenhydrate
6 g Fett
14 g Eiweiß

1 Gießen Sie Bohnen, Mais und Linsen in ein Sieb, spülen Sie sie kalt ab und lassen Sie sie gut abtropfen. Schälen Sie die Zwiebel und würfeln Sie sie in feine Stücke.

2 Erhitzen Sie das Öl in einem Topf und dünsten Sie die Zwiebelstücke hierin an, bis sie glasig sind. Fügen Sie Bohnen, Linsen und Mais hinzu und dünsten Sie diese kurz mit.

3 Löschen Sie alles mit den stückigen Tomaten ab, verrühren Sie es und kochen Sie das Ganze noch einmal auf.

4 Rühren Sie die Gemüsebrühe an und geben Sie sie hinzu.

5 Würzen Sie das Chili mit Salz, Cayennepfeffer, Kreuzkümmel und Chilipulver und lassen Sie es zugedeckt für weitere 8 Minuten weiterköcheln.

6 Schmecken Sie es mit ein paar Spritzern Limette ab und würzen Sie bei Bedarf noch mit Chilipulver nach.

7 Richten Sie das fertige Chili sin Carne auf tiefen Tellern an.

CURRY MIT BROKKOLI UND LAUCH

4 Port. 25 Min. Leicht

Zutaten

1 Zwiebel
1 Knoblauchzehe
30 g Ingwer (frisch)
150 g Lauch
400 g Brokkoli
150 g Basmati-Reis
1 EL Kokosöl
1 EL Currypulver (Schärfe nach Belieben)
1 EL Tomatenmark
250 ml Gemüsefond
1 Dose Kokosmilch (400 g)
Salz, Pfeffer
2 EL Zitronensaft
2 Stiele Petersilie (glatt)
50 g Cashewkerne

Nährwerte p. P.

472 kcal
41 g Kohlenhydrate
27 g Fett
10 g Eiweiß

1 Kochen Sie den Reis nach Packungsanleitung.

2 Schälen Sie die Zwiebel und den Knoblauch und schneiden Sie beides in feine Würfel. Schälen Sie den Ingwer und reiben Sie diesen fein.

3 Waschen Sie den Lauch und schneiden Sie diesen in etwa 2 cm dicke Ringe. Putzen Sie den Brokkoli und schneiden Sie diesen in Stücke.

4 Erhitzen Sie das Kokosöl in einem Topf und braten Sie darin die Zwiebeln, den Knoblauch und den Ingwer an.

5 Geben Sie Currypulver und Tomatenmark hinzu und braten Sie dieses etwa 1 Minute mit an.

6 Löschen Sie das Ganze mit dem Gemüsefond und der Kokosmilch ab und lassen Sie es aufkochen.

7 Geben Sie das Gemüse in den Topf und lassen Sie es zugedeckt für etwa 5 Minuten bei mittlerer Hitze kochen.

8 Schmecken Sie das Curry mit Salz, Pfeffer und Zitronensaft ab. Hacken Sie die Petersilie und die Cashewkerne grob.

9 Richten Sie das Curry auf tiefen Tellern an und bestreuen Sie es mit der gehackten Petersilie und den gehackten Cashewkernen.

Snacks

ERDNUSSBUTTER-BROT MIT BANANE

1 Port.

5 Min.

Leicht

Zutaten

1 Scheibe Mischbrot
1 Banane
20 g Erdnussbutter

Nährwerte p. P.

275 kcal
31 g Kohlenhydrate
11 g Fett
9 g Eiweiß

1 Bestreichen Sie die Scheibe Mischbrot mit Erdnussbutter.

2 Schneiden Sie die Banane in Scheiben.

3 Belegen Sie das mit Erdnussbutter beschmierte Brot mit den Bananenscheiben.

BAGELS MIT DINKELMEHL

6 Port. 1,5 Std. Leicht

Zutaten

360 g Vollkorndinkelmehl
1 Prise Salz
12 g Hefe, frisch
60 g Rohrzucker, braun
180 ml Milch, lauwarm

Nährwerte p. P.

2620 kcal
52 g Kohlenhydrate
2 g Fett
7 g Eiweiß

1 Sieben Sie das Vollkorndinkelmehl in eine Schüssel und vermischen Sie es mit dem Salz. Formen Sie mittig eine Mulde und bröseln Sie die Hefe hinein.

2 Geben Sie den Zucker und die Hälfte der Milch hinzu, rühren Sie es mit der Hefe glatt und lassen Sie den Teig etwa 15 Minuten zugedeckt an einem warmen Ort gehen.

3 Fügen Sie die restliche Milch hinzu, verkneten Sie alle Zutaten zu einem glatten Teig und lassen Sie diesen für weitere 60 Minuten an einem warmen Ort gehen.

4 Kneten Sie den Teig nochmals gut durch, formen Sie daraus 6 glatte Kugeln und drücken Sie in diese mit dem Daumen ein Loch. Lassen Sie die Teigringe weitere 15 Minuten gehen.

5 Erhitzen Sie den Backofen auf 200 °C Ober-/Unterhitze (oder 180 °C Umluft). Bringen Sie Wasser in einem breiten Topf zum Kochen. Geben Sie die Ringe für eine Minute in das kochende Wasser, wenden Sie diese und lassen Sie sie eine weitere Minute kochen.

6 Entnehmen Sie die Teigringe mit einer Schaumkelle, lassen Sie sie abtropfen und legen Sie sie auf ein mit Backpapier ausgelegtes Backblech. Backen Sie die Bagels auf der mittleren Schiene für etwa 20-25 Minuten, bis sie goldgelb sind.

VOLLKORNSTANGEN

1 Port. 50 Min. Leicht

Zutaten

320 g Dinkelvollkornmehl
0.5 Pck. Backpulver
1 TL Salz
140 g Magerquark
7 EL Sonnenblumenöl
5 EL Milch
3 EL Milch zum Bestreichen

Nährwerte p. P.

306 kcal
8 g Kohlenhydrate
22 g Fett
18 g Eiweiß

1 Geben Sie das Vollkornmehl, das Backpulver und das Salz in eine Schüssel und verrühren Sie es mit Quark, Öl und Milch zu einem glatten Teig.

2 Formen Sie den Teig zu einer Rolle und schneiden Sie mit einem Messer etwa 40 gleich große Stücke ab.

3 Formen Sie jedes Teigstück zu einer dünnen, langen Stange.

4 Legen Sie die Stangen auf ein mit Backpapier ausgelegtes Backblech und bepinseln Sie die Stangen mit der Milch.

5 Backen Sie die Stangen im vorgeheizten Backofen für ca. 20 Minuten.

AVOCADO-DIP MIT PELLKARTOFFELN

2 Port.

30 Min.

Leicht

Zutaten

1 Avocado
550 g Kartoffeln
1 Spritzer Zitronensaft
Salz und Pfeffer

Nährwerte p. P.

307 kcal
46 g Kohlenhydrate
10 g Fett
6 g Eiweiß

1 Garen Sie die Kartoffeln mit Schale in einem Topf mit kochendem Wasser für ca. 20 Minuten.

2 Halbieren Sie die Avocado, lösen Sie den Kern heraus und zerdrücken Sie das Fruchtfleisch mit einer Gabel.

3 Würzen Sie die zerdrückte Avocado mit dem Spritzer Zitronensaft sowie mit Salz und Pfeffer.

4 Richten Sie die Kartoffeln mit dem Avocado-Dip auf einem Teller an.

BANANENJOGHURT

1 Port.

5 Min.

Leicht

Zutaten

250 g Joghurt (3,5 % Fett)
1 Banane
5 g Zitronensaft

Nährwerte p. P.

300 kcal
39 g Kohlenhydrate
9 g Fett
11 g Eiweiß

1 Schälen Sie die Banane und schneiden Sie sie in dünne Scheiben.

2 Geben Sie den Becher Joghurt und die in Scheiben geschnittene Banane in eine Schüssel und vermischen Sie dieses mit dem Zitronensaft.

MARINIERTER ZIEGENKÄSE

4 Port.

3 Std.
20 Min.

Leicht

Zutaten

120 g Ziegenkäse
0.5 Bund Petersilie, gehackt
2 Stk. Knoblauchzehen
3 EL Olivenöl
1 Spritzer Zitronensaft
Salz und Pfeffer

Nährwerte p. P.

542 kcal
3g Kohlenhydrate
50 g Fett
19 g Eiweiß

1 Waschen Sie die Petersilie und hacken Sie sie fein. Schneiden Sie den Käse in kleine Würfel.

2 Vermischen Sie den gepressten Knoblauch mit Olivenöl und Zitronensaft und schmecken Sie es mit Salz und Pfeffer ab.

3 Geben Sie die Marinade über die Käsewürfel und lassen Sie diese mindestens 1 Stunde im Kühlschrank ziehen.

BANANENBROT

12 Port. | 3 Std. 20 Min. | Leicht

Zutaten

3 Bananen, sehr reif
200 g Weizenvollkornmehl, alternativ Roggenmehl, Weißmehl, Dinkelmehl
Zimt
100 g Apfel, gerieben, oder Apfelmus ohne Zucker
1 Pck. Backpulver
2 Eier
50 g Walnüsse, gehackt; alternativ Mandeln, Haselnüsse

Nährwerte p. P.

127 kcal
21 g Kohlenhydrate
4 g Fett
4 g Eiweiß

1 Schälen und entkernen Sie den Apfel und reiben Sie ihn fein. Schälen Sie die Bananen und geben Sie diese zu den Äpfeln. Zerdrücken Sie die Banane mit einer Gabel.

2 Schlagen Sie zwei Eier schaumig. Mischen Sie Mehl, Backpulver und Zimt und geben Sie diese Mischung zum Apfel-Bananen-Brei. Heben Sie die Eier unter.

3 Geben Sie die gehackten Walnüsse hinzu und verrühren Sie alles gut miteinander.

4 Füllen Sie den Teig in eine Kastenform und backen Sie diese im Ofen bei 180 °C Ober-/Unterhitze (oder 160 °C Umluft).

5 Lassen Sie das Brot vor dem Anschneiden gut auskühlen.

KÄSETALER

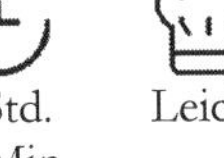

80 Port. | 3 Std. 20 Min. | Leicht

Zutaten

200 g Mehl
150 g Butter
1 Prise Salz
1 Ei
1 Ei zum Bestreichen
100 g Emmentaler, gerieben
2 TL Mohn, Sesam und Kümmel zum Bestreuen

Nährwerte p. P.

28 kcal
1 g Kohlenhydrate
2 g Fett
0 g Eiweiß

1 Sieben Sie das Mehl in eine Schüssel und verteilen Sie die Butter in Flöckchen darauf.

2 Geben Sie den Käse, das Ei sowie eine Prise Salz hinzu und verkneten Sie alles zu einem glatten Teig.

3 Wickeln Sie den Teig in Frischhaltefolie und lassen Sie ihn ca. 1 Stunde im Kühlschrank ruhen.

4 Heizen Sie den Backofen auf 180 °C Ober-/Unterhitze (oder 160 °C Umluft) vor.

5 Rollen Sie den Teig etwa 3 mm dick aus und stechen Sie aus diesem Kekse aus.

6 Verquirlen Sie das Ei, bestreichen Sie hiermit die Plätzchen und bestreuen Sie sie mit Mohn, Sesam oder Kümmel.

7 Backen Sie die Plätzchen 12-15 Minuten im Ofen.

SPINATROLLE MIT LACHS

6 Port.

6 Std
20 Min.

Leicht

Zutaten

125 g Spinat
4 Eier
50 g Käse, gerieben
250 g Räucherlachs
200 g Kräuterfrischkäse
Salz und Pfeffer
Parmesan
Etwas Zitronensaft

Nährwerte p. P.

272 kcal
1 g Kohlenhydrate
20 g Fett
20 g Eiweiß

1 Schlagen Sie die Eier schaumig und vermischen Sie diese mit Spinat, Salz, Pfeffer und Käse.

2 Legen Sie ein Backblech mit Backpapier aus und bestreuen Sie dieses mit Parmesan. Verteilen Sie die Masse hierauf und backen Sie diese 10 Minuten bei 200 °C Ober-/Unterhitze (oder 180 °C Umluft).

3 Lassen Sie den Teig abkühlen, drehen Sie ihn um und bestreichen Sie die Käseseite mit dem Kräuterfrischkäse.

4 Verteilen Sie den Lachs darauf und beträufeln Sie diesen mit dem Zitronensaft. Rollen Sie das Ganze fest auf und wickeln Sie es in Frischhaltefolie.

5 Lassen Sie die Rolle mindestens 6 Stunden im Kühlschrank kühlen. Anschließend schneiden Sie die Rolle in etwa daumenbreite Scheiben und richten diese auf einem Teller an.

Desserts

QUARK-CREME MIT PFIRSICH

2 Port.

25 Min.

Leicht

Zutaten

250 g Pfirsiche
250 g Quark (20 % Fett)
75 ml Milch
10 ml Apfelsaft
4 TL Holunderblütensirup
2 EL Leinsamen
1 g Vanillemark

Nährwerte p. P.

274 kcal
23 g Kohlenhydrate
10 g Fett
19 g Eiweiß

1 Häuten Sie die Pfirsiche und schneiden Sie sie in kleine Stücke.

2 Rühren Sie Quark mit Milch, Apfelsaft, Holunderblütensirup und Vanillemark cremig.

3 Mengen Sie die Pfirsichstücke und die Leinsamen unter.

4 Richten Sie die Quark-Creme in kleinen Dessertschüsseln an.

GRIESSBREI

2 Port. 15 Min. Leicht

Zutaten

40 g Weizengrieß
250 ml Milch
20 g Traubenzucker
10 g Ingwer
Etwas Zitronenschale (unbehandelt)
Etwas Vanille und Zimt

Nährwerte p. P.

159 kcal
31 g Kohlenhydrate
0 g Fett
6 g Eiweiß

1 Erwärmen Sie die Milch in einem Topf.

2 Reiben Sie die Zitronenschale und den Ingwer in die Milch und geben Sie Vanille, Zimt und Traubenzucker hinzu. Kochen Sie die Milch kurz auf.

3 Nehmen Sie die Milch vom Herd und rühren Sie den Weizengrieß unter. Kochen Sie diesen etwa 5 Minuten weiter.

4 Füllen Sie den Grießbrei in zwei Dessertgläser und lassen Sie ihn etwa 10 Minuten abkühlen.

GESUNDE WAFFELN

1 Port.

20 Min.

Leicht

Zutaten

1 Ei
90 g Haferflocken
1 Banane
100 ml Haferdrink
1 g Backpulver
Etwas Zimt

Nährwerte p. P.

525 kcal
75 g Kohlenhydrate
13 g Fett
20 g Eiweiß

1 Geben Sie alle Zutaten in den Mixer, bis ein glatter Teig entstanden ist.

2 Fetten Sie das Waffeleisen etwas ein und backen Sie hierin nacheinander die Waffeln, bis der Teig leer ist.

RHABARBERGRÜTZE

8 Port. 20 Min. Leicht

Zutaten

1 kg Rhabarber
160 g Zucker
1 Pck. Vanillezucker
1 EL Speisestärke
100 ml Wasser

Nährwerte p. P.

100 kcal
22 g Kohlenhydrate
0 g Fett
0 g Eiweiß

1 Entfernen Sie die Haut vom Rhabarber und schneiden Sie diesen in kleine Stücke.

2 Geben Sie den Rhabarber mit dem Wasser in einen Topf und kochen Sie dieses auf.

3 Geben Sie Zucker und Vanillezucker hinzu und kochen Sie den Rhabarber weiter, bis die Stücke weich sind.

4 Rühren Sie die Speisestärke mit kaltem Wasser an und rühren Sie diesen unter den Rhabarber, bis eine Grütze entstanden ist.

SÜSSES RISOTTO MIT FRÜCHTEN

1 Port.

20 Min.

Leicht

Zutaten

1 Kiwi
25 g Brombeeren
100 g Himbeeren
125 g Risottoreis
375 ml Milch (1,5 % Fett)
1 EL Butter
1,5 EL Mandeln, gehackt
1,5 EL Pistazien, gehackt
50 g Rohrzucker

Nährwerte p. P.

837 kcal
119 g Kohlenhydrate
26 g Fett
26 g Eiweiß

1 Nehmen Sie einen Topf, geben Sie die Butter hinein und schmelzen Sie diese. Fügen Sie dann den Risottoreis hinzu und dünsten Sie ihn an.

2 Schütten Sie nun vorsichtig die Milch in den Topf, geben Sie den Rohrzucker hinzu und köcheln Sie alles bei geschlossenem Deckel eine Viertelstunde.

3 In der Zwischenzeit die Beeren waschen und in einer Schüssel zerdrücken. Die Kiwi schälen und in kleine Würfel schneiden.

4 Abschließend das fertige Risotto auf einem Teller anrichten und mit den Früchten sowie den kleingehackten Mandeln und Pistazien garnieren.

MILCHREIS MIT ZIMT UND ZUCKER

4 Port.

20 Min.

Leicht

Zutaten

750 ml Milch
180 g Milchreis
1 Pck. Vanillezucker
Saft einer Zitrone
Zimt und Zucker nach Belieben

Nährwerte p. P.

292 kcal
42 g Kohlenhydrate
7 g Fett
9 g Eiweiß

1 Pressen Sie die Zitrone aus.

2 Kochen Sie die Milch auf und geben Sie den Zitronensaft hinzu. Rühren Sie den Vanillezucker unter.

3 Geben Sie den Milchreis hinzu und kochen Sie diesen für etwa 20 Minuten, bis er weich ist.

4 Füllen Sie den Milchreis in Dessertschüsseln und bestreuen Sie diesen nach Belieben mit Zimt und Zucker.

APPLE CRUMBLE

12 Port.

20 Min.

Leicht

Zutaten

400 g Äpfel
180 g Mehl
200 g Butter
170 g Zucker
1 Prise Zimt

Nährwerte p. P.

254 kcal
29 g Kohlenhydrate
14 g Fett
1 g Eiweiß

1 Heizen Sie den Backofen auf 200 °C Ober-/Unterhitze (oder 180 °C Umluft) vor. Fetten Sie eine Auflaufform mit etwas Butter ein.

2 Entkernen Sie die Äpfel und schneiden Sie diese in Spalten. Legen Sie diese in die gefettete Auflaufform.

3 Geben Sie das Mehl in eine Schüssel und vermischen Sie es mit Zucker und Zimt.

4 Schmelzen Sie die Butter in einem Topf und geben Sie diese über die Mehlmischung.

5 Formen Sie daraus Streusel und geben Sie diese über die Apfelspalten. Backen Sie den Apple Crumble für 25 Minuten im Ofen.

Tipp: Schmeckt hervorragend mit Vanilleeis.

APFELMUS

4 Port. 20 Min. Leicht

Zutaten

1 Zitrone
400 ml Wasser
1 Zimtstange
1 kg Äpfel, z. B. Boskoop
2 EL Vollrohrzucker

Nährwerte p. P.

198 kcal
46 g Kohlenhydrate
0 g Fett
1 g Eiweiß

1 Pressen Sie die Zitrone aus und bringen Sie den Zitronensaft mit dem Vollrohrzucker, dem Wasser und der Zimtstange in einem Topf zum Kochen.

2 Schälen Sie die Äpfel, entkernen Sie sie und schneiden Sie diese in kleine Stücke.

3 Geben Sie die Apfelstücke in das kochende Wasser und lassen Sie sie 15 Minuten gar kochen.

4 Zerstampfen Sie die weichen Apfelstücke mit dem Kartoffelstampfer zu einem fertigen Apfelmus.

Getränke

BANANENMILCH

1 Port.

5 Min.

Leicht

Zutaten

150 ml Milch (1,5 % Fett)
1 Banane

Nährwerte p. P.

167 kcal
28 g Kohlenhydrate
2 g Fett
6 g Eiweiß

1 Schneiden Sie die Banane in kleine Stücke und geben Sie diese mit der Milch in einen Mixer.

2 Mixen Sie alles gut durch, bis keine Stücke mehr vorhanden sind.

3 Geben Sie die fertige Bananenmilch in ein Glas.

GERSTENWASSER

4 Port. | 2 Std. 20 Min. | Leicht

Zutaten

60 g Gerste
1 ½ Liter Wasser
2 Prisen Zimt
1 Prise Salz
1 TL Honig
2 EL Zitronensaft

Nährwerte p. P.

57 kcal
11 g Kohlenhydrate
0 g Fett
1 g Eiweiß

1 Kochen Sie die Gerste in 1 Liter Wasser auf und lassen Sie sie 1 Stunde köcheln.

2 Geben Sie alle weiteren Zutaten, bis auf den Zitronensaft, hinzu und kochen Sie diese 5 Minuten weiter.

3 Lassen Sie das Wasser abkühlen und fügen Sie den Zitronensaft hinzu.

Tipp: Dieses Getränk beruhigt den Magen-Darm-Trakt. Gleichzeitig schützt es auch vor Erkältungen.

WERMUTTEE

 2 Port.

 10 Min.

Leicht

Zutaten

2 TL Wermutkraut (gibt es in der Apotheke)
Etwas frische Minze
500 ml Wasser

Nährwerte p. P.

10 kcal
1 g Kohlenhydrate
0 g Fett
0 g Eiweiß

1 Wermutkraut und gehackte Minze in ein Teesieb geben und mit dem Wasser übergießen.

2 5 Minuten ziehen und den Tee in zwei Tassen einfüllen.

Tipp: Wermuttee hilft gegen Blähungen und Magenreizungen.

KAROTTEN-PETERSILIEN-SAFT

1 Port.

5 Min.

Leicht

Zutaten

2 gehäufte EL gehackte Petersilie
1 Möhre
200 ml Wasser

Nährwerte p. P.

39 kcal
6 g Kohlenhydrate
0 g Fett
0 g Eiweiß

1 Die Möhre schälen, in kleine Stücke schneiden und mit der Petersilie und dem Wasser in den Mixer geben und mixen, bis ein Saft entstanden ist.

KAROTTEN-KARTOFFEL-SAFT

 1 Port.

 5 Min.

Leicht

Zutaten

1 mittelgroße Kartoffel
2 Möhren
1 Stück Ingwer

Nährwerte p. P.

95 kcal
18 g Kohlenhydrate
0 g Fett
2 g Eiweiß

1 Schälen Sie die Kartoffel, die Möhren und den Ingwer und geben Sie alle drei Zutaten in den Entsafter oder Smoothiemaker.

APFEL-AVOCADO-SMOOTHIE

1 Port. 5 Min. Leicht

Zutaten

4 säurearme Äpfel
2 Avocados

Nährwerte p. P.

670 kcal
80 g Kohlenhydrate
31 g Fett
5 g Eiweiß

1 Halbieren Sie die Avocados, entfernen Sie jeweils den Kern und lösen Sie das Fruchtfleisch heraus. Schneiden Sie das Fruchtfleisch in kleine Stücke.

2 Entkernen Sie die Äpfel und schneiden Sie diese in kleine Stücke.

3 Geben Sie alles in den Smoothiemaker und mixen Sie es, bis ein Smoothie entstanden ist.

SMOOTHIE MIT PAPAYA UND BANANE

1 Port. 5 Min. Leicht

Zutaten

1 Banane
1 Papaya
50 ml Mandelmilch

Nährwerte p. P.

670 kcal
80 g Kohlenhydrate
31 g Fett
5 g Eiweiß

1 Schälen Sie die Banane und schneiden Sie diese und die Papaya in kleine Stücke.

2 Geben Sie beides mit der Mandelmilch in einen Mixer und zerkleinern Sie es, bis ein Smoothie entstanden ist.

SCHOKO-AVOCADO-SMOOTHIE

1 Port.

5 Min.

Leicht

Zutaten

1 Avocado
1 Banane
2 Esslöffel Backkakao
200 ml Mandelmilch
2 Esslöffel Honig

Nährwerte p. P.

498 kcal
52 g Kohlenhydrate
24 g Fett
8 g Eiweiß

1 Schälen und schneiden Sie die Banane und die Avocado in kleine Stücke.

2 Geben Sie diese mit den restlichen Zutaten in einen Mixer und mixen Sie es so lange, bis ein cremiger Smoothie entstanden ist.